● 全国农业机械化教育培训教材

耕种机械使用与维修

胡 霞 编著

中国农业科学技术出版社

图书在版编目(CIP)数据

耕种机械使用与维修 / 胡霞编著 .—北京:中国农业科学技术出版社,2011.11
ISBN 978-7-5116-0665-5

Ⅰ.①耕… Ⅱ.①胡… Ⅲ.①耕整地机具—使用②耕整地机具—维修 Ⅳ.①S222.07

中国版本图书馆 CIP 数据核字(2011)第 192171 号

责任编辑　朱　绯　马广洋
责任校对　贾晓红　郭苗苗

出 版 者	中国农业科学技术出版社
	北京市中关村南大街 12 号　邮编:100081
电　　话	(010)82106638(编辑室)　(010)82109704(发行部)
	(010)82109709(读者服务部)
传　　真	(010)82106624
网　　址	http://www.castp.cn
经 销 者	各地新华书店
印 刷 者	北京富泰印刷有限责任公司
开　　本	850 mm×1 168 mm
印　　张	5.625
字　　数	141 千字
版　　次	2011 年 11 月第 1 版　2017 年 1 月第 4 次印刷
定　　价	16.00 元

◀━━ 版权所有·翻印必究 ━━▶

前　言

为了满足当代农业生产发展的需要,提高农业机械的使用水平,帮助农业机械从业者增强工作技能,根据农业部等六部办公厅《关于做好农村劳动力转移培训的通知》精神,我们编写了这本书。

本书分为九章,分别介绍了在农业生产的耕地、整地、种植环节的作业中常用到的及新型的农业机械的结构、工作过程,尤其突出了对这些机具的操作方法、调整方法、维护保养以及常见故障与排除的内容的编写。

本书在写作内容上突出了实用性和应用性,便于读者掌握操作与维修方法,提高应用技能,并采用了通俗易懂的语言和形象逼真的图形,使读者易学易懂。

由于农业机械种类繁多,发展速度快,尽管我们做了很大努力,但因编者水平有限,书中难免存在不足之处,恳请读者批评指正,以臻完善。

作　者
2011 年 8 月

目 录

上篇 耕整地机械

第一章 耕整地机械基础知识 …………………………… 3
一、农业机械的种类及型号 …………………………… 3
二、耕地机械 …………………………………………… 5
三、整地机械 …………………………………………… 8
四、耕整地机械安全使用要点 ………………………… 12

第二章 耕整地机械的结构与工作 ……………………… 14
一、保护性耕作机械 …………………………………… 14
二、传统耕作机械 ……………………………………… 21
三、整地机械 …………………………………………… 24

第三章 耕整地机械的使用与维修 ……………………… 35
一、深松机的使用与维修 ……………………………… 35
二、圆盘耙的使用与维修 ……………………………… 35
三、水田耙的使用与维修 ……………………………… 38
四、旋耕机的使用与维修 ……………………………… 40
五、田园微耕机的使用与维修 ………………………… 47
六、秸秆粉碎还田机的使用与维修 …………………… 54

下篇 种植机械

第四章 种植机械基础知识 ……………………………… 59
一、播种的农业技术要求 ……………………………… 59
二、播种机的分类 ……………………………………… 59
三、栽植机械的种类 …………………………………… 60

四、种植机械安全使用要点 ………………………………… 61

第五章 播种机的结构与工作 ………………………… 63
一、谷物条播机的结构与工作 ……………………………… 63
二、小麦免耕播种机的结构与工作 ………………………… 76
三、点(穴)播机的结构与工作 …………………………… 98
四、铺膜播种机 …………………………………………… 101
五、联合播种机 …………………………………………… 102

第六章 栽植机械结构与工作 ………………………… 104
一、水稻插秧机 …………………………………………… 104
二、水稻钵苗移栽机 ……………………………………… 105
三、旱田作物移栽机械 …………………………………… 110

第七章 播种机的使用与维修 ………………………… 116
一、播种机组的田间行走方法 …………………………… 116
二、划印器长度及加种点位置的计算 …………………… 117
三、条播机的调整 ………………………………………… 118
四、播种质量检查 ………………………………………… 121
五、播种机的使用与维护 ………………………………… 122
六、播种机常见故障与排除方法 ………………………… 124
七、播种机的修理 ………………………………………… 125

第八章 插秧机与抛秧机的使用与维修 ……………… 126
一、选购插秧机的注意事项 ……………………………… 126
二、插秧机的使用与维修 ………………………………… 127
三、东洋 PF455S 手扶插秧机的使用与维修 …………… 135
四、久保田 SPW-48C 水稻插秧机的使用与维修 ……… 146
五、抛秧机的使用与维修 ………………………………… 155

第九章 国家对农业机械补贴政策 …………………… 159
一、当前国家对购买农业机械的补贴政策是什么? ……… 159

二、哪些人购买农业机械有补贴？ ……………………… 159
三、对哪些农业机械有补贴？ …………………………… 160
四、到哪里购买有补贴的农业机械？ …………………… 160
五、每台农业机械补贴多少钱？ ………………………… 160
六、农民怎样申请购买农业机械的补贴？ ……………… 161
七、对农机专业合作社有哪些照顾规定？ ……………… 162
附录1　耕整地机械生产厂家（部分） ………………… 164
附录2　种植机械生产厂家（部分） …………………… 166
主要参考文献 ……………………………………………… 169

上篇　耕整地机械

第一章 耕整地机械基础知识

一、农业机械的种类及型号

从广义上说,凡是用于农业生产的机械,都可以称为农业机械,因此,农业机械包括动力机械(如拖拉机、汽油机、柴油机、电动机)和作业机械(如犁、耙、播种机等)。但在农业机械的分类编号中,是将拖拉机单独进行分类和编号的,而把作业机械进行统一分类和编号。

农业机械共分为十大类,见表1-1。

表1-1 农业机械的分类

分类号	机具类别名称	示例
1	耕耘整地机械	例如:1L—表示犁,1B—表示耙,1P—表示平地机
2	种植施肥机械	例如:2B—表示播种机,2F—表示施肥机,2Z—表示栽植机
3	植保机械	例如:3W—表示喷雾机
4	收获机械	例如:4Y—表示玉米收获机,4LZ—表示自走式联合收获机,4G—表示收割机
5	脱粒清选及烘干机械	例如:5X—表示清选机,5H—表示烘干机,5T—表示脱粒机
6	农副产品加工机械	例如:6N—表示碾米机,6Y—表示榨油机
7	装卸运输机械	例如:7G—表示挂车,7Y—农用运输车
8	排灌机械	例如:8J—表示打井机
9	畜牧机械	例如:9Y—表示压捆机,9G—割草机,9F—粉碎机
0	其他机械	不属于上述机械范围内的农业机械列入其他机械,归为"0"类,但编号时不将0写上,例如:L-3.6表示幅宽为3.6米的连接器

农机具的型号由3部分组成。

(一)类别号

即上述表1-1中第一列的阿拉伯数字,如耕整地机械属于第1类,播种施肥机械属于第2类。

(二)农机具的组别号和特征代号

组别号以表征农具用途的汉语拼音第一个字母表示;特征代号以农具的主要特征(结构、动力形式等)的汉语拼音第一个字母表示,有时也用其汉语拼音文字中具有代表性的那个字母表示。

如常用的组别号:

1. 犁—L,旋耕机—G,耙—B,开沟机—K;
2. 播种机—B,栽植机—Z,种植机—C;
3. 中耕机—Z,喷雾机—W,喷粉机—F,弥雾机—M,烟雾机—Y;
4. 收割机—G,割晒机—S,谷物联合收割机—L,玉米联合收割机—Y;
5. 脱粒机—T,烘干机—H,清选机—X,扬场机—Y;
6. 碾米机—N,砻谷机—L,磨粉机—F,榨油机—Y;
7. 农业运输车—Y,挂车—C,装载机—Z,船用挂机—G;
8. 机井机—J,喷灌机—P;
9. 割草机—G,压捆机—Y,垛草机—U,集草机—C,粉碎机—F,剪毛机—M。

常用的特征代号有:牵引用"J"、半悬挂用"B"、液压用"Y"、联合用"L"、通用用"T"、施肥用"F"。

(三)主参数随农机具工作特点而定,如犁用犁体数单铧幅宽,耙用幅宽,播种机用播种行数,联合收获机用每秒喂入量(千克/秒),收割机一般用割幅的米数,脱粒机一般用滚筒工作长度的厘米数来表示等。

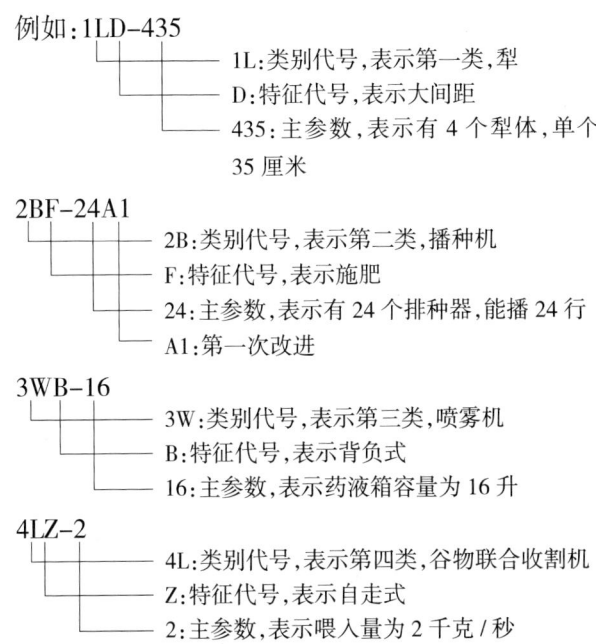

二、耕地机械

耕地是农业种植生产中的一个基本环节,耕地的目的是:对土壤进行翻转和疏松,以恢复土壤的团粒结构,增强土壤的吸水、透水及透气能力,覆盖杂草和肥料,防除病虫害,为后续的播种及作物的生长发育创造良好的土壤条件。

由于用铧式犁耕翻土壤后,土块较大,地面不平,还需通过整地才能达到播种的要求。整地的主要目的是松碎土壤、压实表土,以便为后续的播种、插秧准备良好的土壤条件。

对土壤耕翻后,加大了土壤水分的蒸发,在北方旱作地区,会使土层风蚀加剧,破坏土质结构,还是形成沙尘天气的主要原因,因此,近年来保护性耕作在我国北方旱作地区得到推广,这是相对于传统用犁翻耕的一种新型耕作技术。

保护性耕作是用大量秸秆残茬覆盖地表,将土壤耕作减少到只要保证种子发芽即可,并主要用农药或轮作等来控制杂草、病虫害,由于有利于保水保土,所以称之为保护性耕作。保护性耕作的要点可以概括为:秸秆覆盖、免耕播种、以松代翻、化学除草。采取保护性耕作可以不烧秸秆,减少大气污染,增加土壤肥力,改善土壤结构,减少作业程序,降低作业成本,从而获得较好的社会效益、生态效益和经济效益。

(一)耕地的农业技术要求

农业技术对耕地机械作业质量的要求,主要有以下方面。

1. 适时耕翻。

2. 耕地深度符合要求,且耕深一致,沟底平整。

3. 耕生地应有良好的翻垡覆盖性能;耕熟地应有良好的碎土性能;耕水田后土垡应架空,以利通风晒垡。

4. 不得有漏耕、重耕,耕后地表平整。

耕地机械的种类和型式很多,其中,以铧式犁应用最为广泛。

(二)耕地机械的种类和特点

耕地机械的种类和型式很多,其中以铧式犁应用最为广泛。

以犁铧为主要耕作部件的犁称为铧式犁。按动力可分为畜力犁和机力犁;按与拖拉机挂接的形式可分为牵引犁、悬挂犁和半悬挂犁;按重量可分为轻型犁和重型犁;按用途可分为旱地犁、水田犁、果园犁、灌木—沼泽地犁等。

1. 牵引犁

牵引犁(图 1-1)与拖拉机之间采用单点挂接,拖拉机的挂接装置对犁只起牵引作用,在工作和运输时,其重量均由犁本身具有的三个轮子承受。牵引犁由牵引杆、犁架、犁体、机械或液压升降机构、调节机构、行走轮、安全装置等部件组成。耕地时,借助机械或液压机构来控制地轮相对犁体的高度,从而达到控制耕深及水平的目的。

牵引犁工作稳定,作业质量较好,但结构复杂,质量大,机组转弯半径大,机动性较差,多用于大型、多铧、宽幅的条件,适用于大地块作业。

第一章 耕整地机械基础知识

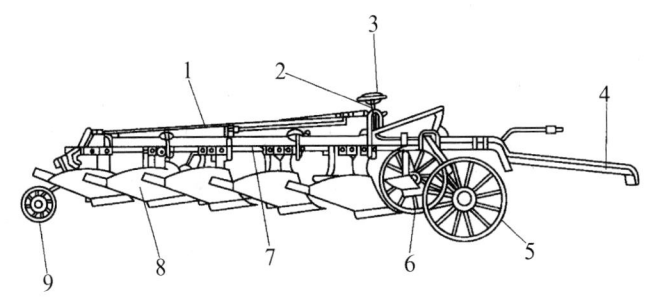

图 1-1 牵引型
1. 尾轮拉杆；2. 水平调节手轮；3. 深浅调节手轮；4. 牵引杆；
5. 沟轮；6. 地轮；7. 犁架；8. 犁体；9. 尾轮

2. 悬挂犁

悬挂犁(图 1-2)是通过悬挂架与拖拉机的悬挂装置连接，靠拖拉机的液压机构升降。运输和地头转弯时，悬挂犁离开地面，其重量由拖拉机承受。悬挂犁由犁体、犁架、悬挂装置和限深轮等组成。当拖拉机液压悬挂机构采用高度调节耕作时，限深轮用来控制耕深。

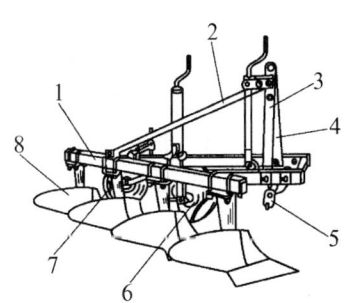

图 1-2 悬挂犁
1. 犁架；2. 中央支杆；3. 右支杆；4. 左支杆；
5. 悬挂轴；6. 限深轮；7. 犁刀；8. 犁体

悬挂犁具有结构简单、质量小、操作灵活、机动性好的优点，但运输时整个机组的纵向稳定性较差，因而大型悬挂犁的发展受到限制。适用于中小地块作业。

3. 半悬挂犁

半悬挂犁(图1-3)是在悬挂犁基础上发展起来的。它所配的犁体较宽,纵向长度大,解决了悬挂犁纵向操作不稳定的问题。半悬挂犁的前部像悬挂犁,但本身还有轮子,以便在运输和地头转弯时承受机具的部分重量,减轻拖拉机悬挂装置所需的提升力。半悬挂犁的优点介于牵引犁与悬挂犁之间,它比牵引犁机动灵活、转弯半径小,比悬挂犁能配置更多犁体,稳定性、操向性好。

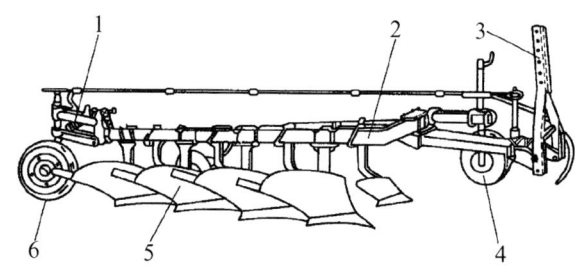

图1-3 半悬挂犁

1. 液压油缸;2. 机架;3. 悬挂架;4. 地轮;5. 犁体;6. 限深尾轮

三、整地机械

耕地后,土垡间有很大空隙,土块较大,地面不平,一般都不能立即进行播种,还必须进行碎土、平整和镇压工作。完成以上各项工作,统称为整地。经过整地后,地面平整,土壤细碎,上松下实,种子播在这样的土壤里才能顺利发芽、出苗一致、根系牢固,为后期生长发育打下良好基础。

在保护性耕作技术实施中,可用耙做地表处理,如平整土地、除草、疏松表土、提高地温等。

(一)整地的农业技术要求

1. 整地要及时,以利防旱保墒。

2. 切碎土垡,地表平整,没有凹凸和沟垡。

3. 不漏不重,深度适宜一致。

整地机械有旱田耙(例如,圆盘耙和钉齿耙)、水田耙、旋耕机和镇压器等。

(二)圆盘耙的种类和特点

圆盘耙主要用于旱地耕后的碎土以及播种前的松土、除草作业。此外,由于圆盘耙具有切断草根残茬、搅动表土的作用,也可以用于收获后的浅耕灭茬作业,撒施肥料后可用它进行覆盖。

1. 按机重和耙深

可分为重型、中型和轻型 3 种。

重型圆盘耙:单片机重(机重/耙片数)为 50~65 千克,耙片直径为 660 毫米,耙深为 18 厘米。适用于开荒地、沼泽地等黏重土壤的耕后碎土或以耙代耕的灭茬作业。

中型圆盘耙:单片机重为 20~45 千克,耙片直径为 560 毫米,耙深为 14 厘米。适用于黏性土壤的耕后碎土和一般土壤的灭茬耙地。

轻型圆盘耙:单片机重为 15~25 千克,耙片直径为 460 毫米,耙深为 10 厘米。适用于一般土壤的耕后碎土和灭茬作业。

保护性耕作由于是在免耕条件下进行耙地,故多用中型和重型圆盘耙。

2. 按机组挂接方式

可分为牵引式、悬挂式和半悬挂式 3 种。

牵引式圆盘耙:由于重型圆盘耙机体结构庞大而笨重,悬挂困难,故多为牵引式。中型与轻型圆盘耙也有牵引式的。牵引式圆盘耙地头转弯半径大,运输不方便,只适用于大地块作业。

悬挂式圆盘耙:多为中型和轻型圆盘耙,机组配置紧凑,操作方便,运输灵活,在各种地块上作业均可。

半悬挂式圆盘耙:兼有牵引式和悬挂式两种类型的优点,是我国圆盘耙系列中的一种新产品。

3. 按耙组的配置方式

可分为对置式和偏置式 2 种,如图 1-4 所示。

对置式圆盘耙:耙组对称地配置在拖拉机中心线后两侧,可使左右耙组的侧向力互相平衡。

偏置式圆盘耙:耙组偏置于拖拉机中心线的左侧或右侧,由于偏置,其侧向力不易平衡,调整比较困难,作业中只宜单向转弯。

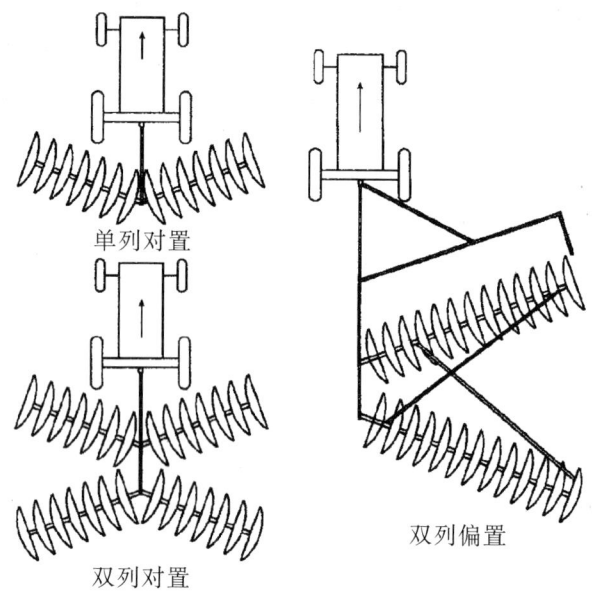

图1-4 耙组的配置方式

随着拖拉机功率的加大,耙和其他农具一样,也有向大型发展的趋势,并采用折叠翼结构。

(三)旋耕机的种类和特点

旋耕机是一种由动力驱动的旋转式耕作机具,主要用于水田、菜园、黏重土壤和季节性强的浅耕灭茬,在播前整地作业中得到广泛的应用。其切土、碎土能力强,耕后地表平整、松软,但覆盖质量差。在我国南方地区多用于秋耕稻田种麦、水稻插秧前的水耕水耙。它对土壤湿度的适应范围较大,凡拖拉机能进入的水田都可以耕作。在我国北方地区大量用于铲茬还田、破碎土壤的作业。另外,还适应于盐碱地的浅层耕作、荒地灭茬除草、牧场草地浅耕再生等作业。

旋耕机的分类方法很多,一般按与拖拉机的连接方式、传动位置及传动方式分类。

1. 按与拖拉机的连接方式分类

可分为三点悬挂式、直接连接式和牵引式 3 种。

三点悬挂式旋耕机的连接方式与悬挂犁相同,如图 1-5 所示,动力通过万向节轴传来,经过传动装置带动刀轴旋转。优点是连接方便,能与多种拖拉机配套,但应注意升起高度不宜过大,不然会使万向节轴因倾角过大而提早损坏。直接连接式和牵引式旋耕机用得很少。

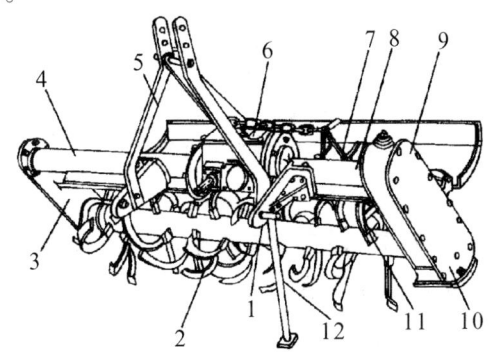

图 1-5 三点悬挂式旋耕机

1. 刀轴;2. 刀片;3. 右支臂;4. 右主梁;5. 悬挂架;6. 齿轮箱;
7. 罩壳;8. 左主梁;9. 传动箱;10. 防磨板;11. 刀座;12. 撑杆

2. 按传动位置分类

可分为中间传动和侧边传动两种,如图 1-6 所示。

中间传动式旋耕机的刀轴所需动力由中间传来,因此刀轴左右受力均匀,但刀轴结构复杂,中间还应设一刀体补漏(如 1GN-200 型旋耕机)。

侧边传动式旋耕机的刀轴所需动力由左侧传来,它除刀轴受力和整机质量分布稍不均匀外,其余都比中间传动式好,故定为基本型式(型号中没有 N,如 IG-150 型旋耕机)。

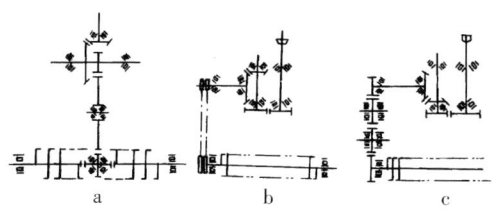

图1-6 旋耕机传动示意图

a. 中间齿轮传动；b. 侧边链传动；c. 侧边齿轮传动

3. 按传动装置的型式分类

可分为齿轮传动和链条—齿轮传动2种，如图1-6所示。

齿轮传动（图1-6a、c）：零件多、结构复杂，但传动可靠，故采用较多，定为基本型式（如1G-150型旋耕机）。

链条—齿轮传动（图1-6b）：刀轴与中间齿轮箱间采用链条传动，可省去中间齿轮和轴承等，因此结构简单，但制造和使用不当时，故障较多，如1GL-150。

除上述整地机械外，还有田园微耕机、茎秆粉碎机等。

四、耕整地机械安全使用要点

耕整地机械大多都需要与拖拉机悬挂（或牵引）挂接后，才能进行耕整地作业，这类机械在作业时，应注意以下安全事项。

（一）在机械作业前应将田地里的较大石块、铁丝等坚硬物清理出去，以免损坏机具刃口。

（二）农具在作业前要检查各零件的安装是否正确，固定连接件是否结实。

（三）有运动的部件，要严格按照使用说明书的润滑要求逐一添加润滑油（或润滑脂）。

（四）与拖拉机的挂接要牢靠，提升或降落顺利。农具与拖拉机采用牵引式或悬挂式连接时，要保证连接点位置准确、牢固可靠。

（五）调整耕整地机具的工作深度与幅宽，使之符合要求。不能使拖拉机或农具长期超载工作,以免出现故障。

(六)作业中,农具出现故障,要停机检查排除。在液压提升起的农具下面检查时,应将农具用机械方法可靠垫支,以防液压系统泄漏导致农具下降,将人压、砸。

(七)由拖拉机动力输出轴驱动的农具,应将动力切断后,再进行故障排除。

第二章 耕整地机械的结构与工作

一、保护性耕作机械

实行少耕、免耕和保护性耕作的耕作机械主要有松土机和秸秆粉碎还田机等。

（一）深松机

深松作业是解决铧式犁耕翻土壤存在的功耗高、不利于水土保持的问题而采取的一项耕作技术。深松机在不翻转土层的前提下，可以打破多年犁耕形成的坚硬犁底层，保证松土而不粉碎土壤，以改善土壤的蓄水和通透能力。在开始实施免少耕保护性耕作的地块，可首先进行一次深松作业，以后根据土壤坚实度确定深松作业周期，一般2～4年深松1次即可。深松深度根据作物生长需要而定，小麦等密植作物的深松深度为20～30厘米，深松间隔为30～50厘米；玉米等宽行作物的深松深度为25～35厘米，深松间隔为40～70厘米。

深松机具种类较多，有深松犁、深松联合作业机及全方位深松机等。

1. 深松犁

深松犁一般采用悬挂式，结构见图2-1所示。主要工作部件是装在机架横梁上的凿形松土铲。连接处备有安全销，以防碰到大石头等障碍时，剪断安全销，保护深松铲。限深轮装于机架两侧，用来调整和控制耕作深度。有些小型深松犁没有限深轮，靠拖拉机液压悬挂装置控制耕深。

深松铲是深松机的主要工作部件，由铲头和立柱两部分组成，深松铲的形状有多种，如图2-2所示。

铲头是深松铲的关键部件，最常用的是凿形铲，它的宽度较窄，和铲柱宽度相近，形状有平面形（图2-2a），也有圆脊形（图2-2b）。圆脊形碎土性能较好，且有一定翻土作用；平面形工作阻力

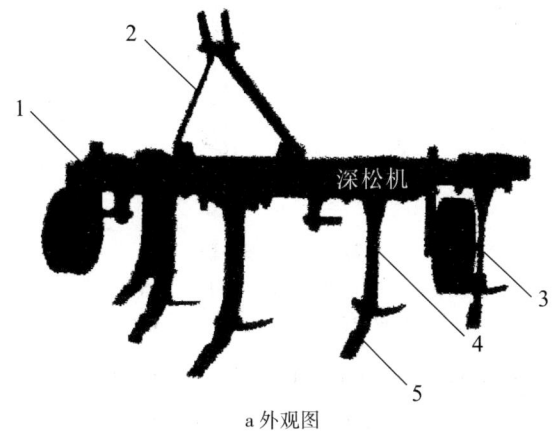

a 外观图

1. 机架;2. 悬挂架;3. 限深轮;4. 支架;5. 深松铲

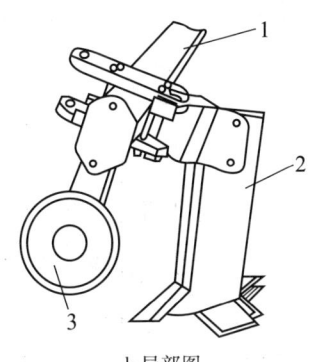

b 局部图

1. 机架;2. 深松铲;3. 限深轮

图 2-1　深松犁

较小,结构简单,强度高,制作方便,磨损后更换方便,行间深松、全面深松均可适用,应用最广。在它后面配上打洞器(图 2-2c),还可成为鼠道犁,在田间可开出深层排水沟;若作全面深松或较宽的行间深松,还可以在两侧配上翼板(图 2-2d),增大松土效果。铲头较大的鸭掌铲和双翼铲主要用于行间深松或分层深松时松表层土壤。

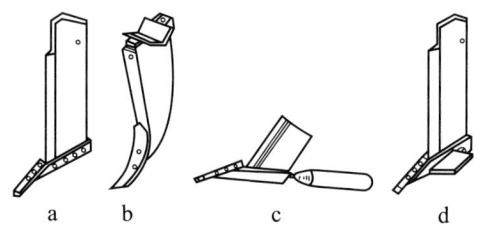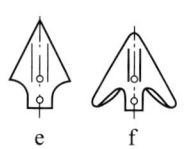

图 2-2 深松铲

a. 平面凿形;b. 圆脊形;c. 带打洞器深松铲;
d. 带翼深松铲;e. 鸭掌铲;f. 双翼铲

可调翼式深松铲由铲柄和两个翼铲组成,如图 2-3 所示,翼铲对称安装在铲柄两侧。为了便于调节安装翼铲,将铲柄主体设计为垂直而且带有多个等距安装孔的立柱;为了保证深松铲入土后,翼铲仍然具有一定的入土趋势,将翼铲固有入土角 α 设计为 17°。

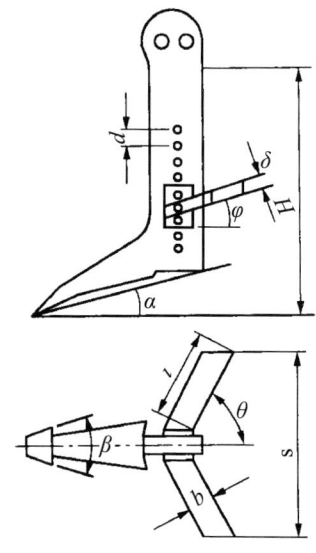

图 2-3 可调翼铲示意图

α. 翼铲固有入土角;β. 铲尖角;θ. 翼板后倾角;φ. 翼板上倾角;δ. 翼板厚度;
H. 铲高;b. 翼板宽度;d. 铲柱上的孔距;l. 翼板长度;s. 两翼板外缘距离

带可调翼铲的深松机在土壤表层可以像全方位深松机一样全面疏松土壤,且保持较为平整的地表,在深层,可以像单柱凿铲一样疏松土壤。

深松铲柱最常用的断面呈矩形,入土部分前面加工成尖棱形,以减少阻力。由于深松铲侧面阻力一般很少,故这种铲柱强度是足够的。有的铲柱采用薄壳结构,重量较轻,但结构较复杂。

2. 深松联合作业机

深松时能一次完成两种以上的作业项目。按联合作业的方式不同可分为深松联合耕作机、深松与旋耕、起垄联合作业机及多用组合犁等多种形式,如图2-4所示。

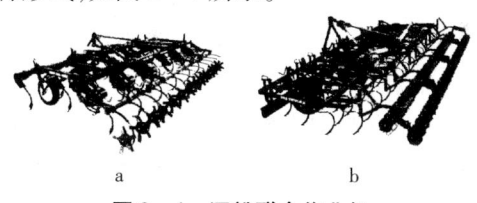

图2-4 深松联合作业机
a. 深松灭茬机;b. 深松灭茬除草机

深松联合耕作机是为适应机械深松少耕法的推广和大功率轮式拖拉机发展的需要而设计的,主要适用于我国北方干旱、半干旱地区以深松为主,兼顾表土松碎、松耙结合的联合作业,既可用于隔年深松破除犁底层,又可用于形成上松下实的熟地全面深松,也可用于草原牧草更新、荒地开垦等其他作业。

3. 全方位深松机

图2-5所示为1SQ-250型全方位深松机。

全方位深松机是一种新型的土壤深松机具,它是利用V形深松器对土壤进行深松。它不仅能使50厘米深度内的土层得到松碎,显著改善黏重土壤的透水能力,而且能在底部形成鼠道,但其深松比阻却小于犁耕比阻(这里的比阻是耕作单位面积土壤上的牵引力)。作为新一代的深松机具对我国干旱、半干旱土壤的蓄水保墒、渍涝地排水、盐碱地和黏重土壤的改良,以及草原更新均有良好的应用前景。

图 2-5　1SQ-250 型全方位深松机

(二)浅松机

浅松是保护性耕作表土处理技术之一。前茬作物为麦类、豆类及根茎较细的作物,可以进行全面浅松;前茬为玉米等根茎粗大的作物可实施间隔浅松,即行间浅松。浅松作业时期为作物收割后至播前之内的休闲期。

图 2-6 为 1QJ-120 浅松机结构示意图,该机可与 11~13.2 千瓦的小型拖拉机采用悬挂联结,适用于旱地保护性耕作播前作业,能够达到疏松表层土壤、改善种床地表不平度、除草等目的,更换浅松铲后也可以用于中耕除草作业。

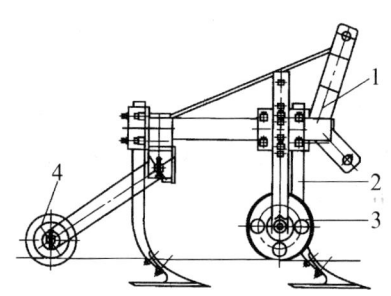

图 2-6　1QJ-120 浅松机结构示意图
1. 机架;2. 浅松铲;3. 限深轮;4. 镇压轮

浅松铲采用双翼型,是一个被切割的三棱楔,如图 2-7 所示。其特点是疏松土壤且不乱土层,使土壤底层平整均匀。双翼浅松铲的技术参数有:翼张角 2γ、隙角 ε、切土角 β_0、碎土角 β、入土角

α、幅宽 B、铲翼宽 b 等。

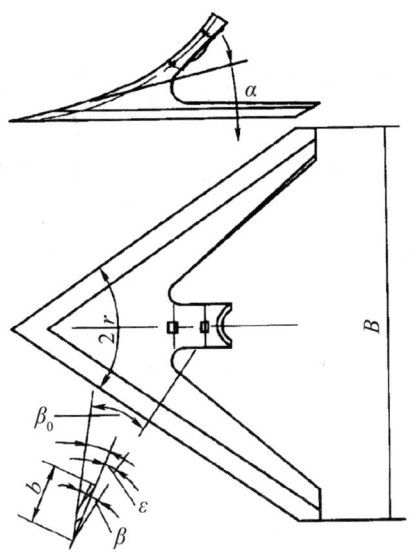

图 2-7 双翼型浅松铲

耕深可通过限深轮连接板上的螺孔来调节。

镇压轮结构采用圆柱纵齿式,并配装刮土板,如图 2-8 所示。圆柱可以平整疏松地表,纵齿可以破碎地表土块,刮土板可以防止土块阻塞镇压轮。

(三)秸秆粉碎还田机

主要用于田间直立或铺放秸秆的粉碎,可对小麦、玉米、高粱、水稻、棉花等作物秸秆、根系及蔬菜茎蔓进行粉碎,粉碎后的秸秆均匀散布在田里。为减少机器进地次数和节省能耗,秸秆粉碎还田作业多采用复式作业机组,如与旋耕作业一起完成、与播种作业联合等。

秸秆粉碎还田机按结构不同,分为卧轴式和立轴式 2 种。

1. 卧轴式秸秆粉碎还田机

主要由传动机构、粉碎室及辅助部件组成,如图 2-9 所示。

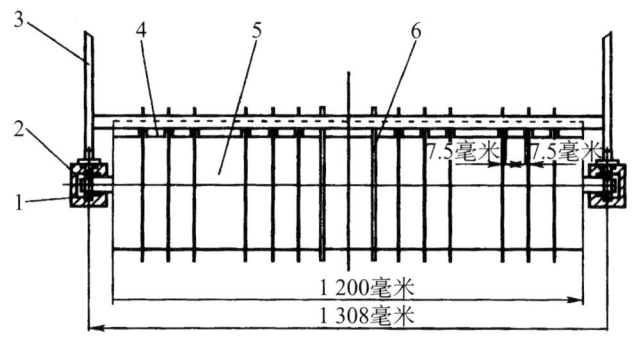

图 2-8 圆柱纵齿式镇压轮

1. 轴承；2. 轴承座；3. 连接板；4. 刮土板；5. 镇压轮；6. 纵齿

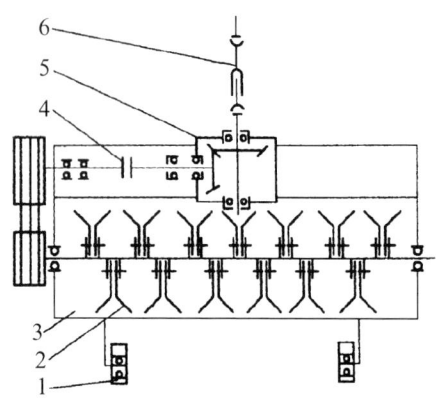

图 2-9 卧轴式秸秆粉碎还田机结构示意图

1. 限深轮；2. 工作部件；3. 粉碎室壳体；4. 联轴器；5. 变速箱；6. 万向节转动轴

传动机构将拖拉机的动力传给工作部件进行粉碎作业，它由万向节、传动轴、齿轮箱和皮带传动装置组成。粉碎室由罩壳、刀轴和铰接在刀轴上的刀片（也称动刀或甩刀）组成，用于粉碎、抛送和撒布碎秸秆。

辅助部件包括悬挂架和限深轮等。通过调整限深轮的高度，可调节刀片的离地间隙即留茬高度，刀片一般不打入土中，否则会造成动力负荷过大,刀片过早磨损。

卧轴式秸秆粉碎还田机的工作过程:机组作业时拖拉机通过动力输出轴、万向节等传动机构驱动刀轴转动。在刀轴上铰接的甩刀一方面绕刀轴转动,另一方面随机组前进,前进中,定刀床首先碰到秸秆,使其向前倾倒。接着,旋转的动刀把秸秆从根部砍断,并将秸秆向前方抛起;在定刀床的限制下,秸秆被转向水平位置的动刀再次砍切;此时,前倾的秸秆受到前方未收割秸秆的阻挡,随着机具的前进,秸秆进入罩壳后,在甩刀片、罩壳和定刀的反复作用下,被进一步粉碎,碎秸秆沿罩壳内壁滑到尾部,在出口处抛撒到田间。

2. 立轴式秸秆粉碎还田机

立轴式秸秆粉碎还田机与拖拉机的挂接方式可采用后置三点全悬挂式,也可配置在拖拉机的前方,其构造主要由悬挂架、齿轮箱、大罩壳、粉碎室工作部件、限深轮和前护罩等组成,如图2-10所示。

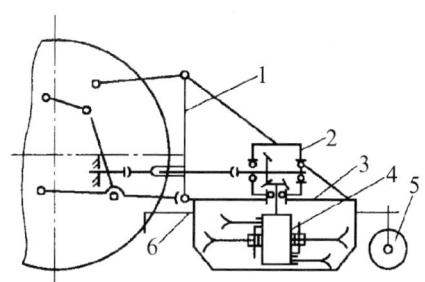

图2-10 立轴式秸秆粉碎还田机结构示意图

1. 悬挂架;2. 圆锥齿轮箱;3. 大罩壳;4. 工作部件;5. 限深轮;6. 前护罩总成

工作时,由秸秆粉碎还田机前方喂入端的导向装置将两侧的秸秆向中间聚集,甩刀对秸秆多次切割后通过大罩壳后方排出端导向排出,均匀地将碎茎秆铺撒在田间。

二、传统耕作机械

传统耕作机械主要是铧式犁,铧式犁的工作部件主要是主犁体和犁刀等。

（一）主犁体

主犁体的结构如图 2-11 所示,它由犁铧、犁壁、犁侧板和犁柱等组成。

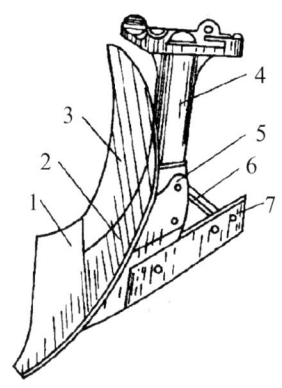

图 2-11　主犁体
1. 犁铧;2. 前犁壁;3. 后犁壁;4. 犁柱;5. 犁托;6. 撑杆;7. 犁侧板

犁铧和犁壁组成犁体工作曲面。犁铧底部的边缘是水平工作刃,称为底刃,犁铧和犁壁前侧方的边缘是垂直工作刃,称为胫刃,犁铧首末两端和犁侧板的末端构成犁体的 3 个支承点。

工作时,犁体按一定的深度和宽度切开土层,将土垡沿曲面升起、侧推和翻转,并在此过程中不断破碎土壤,达到耕地的基本要求。

1. 犁铧

犁铧用来切入土壤,切开和抬起土垡,并将其送往犁壁。犁铧主要有梯形铧、凿形铧和三角形铧 3 种形式,如图 2-12 所示。

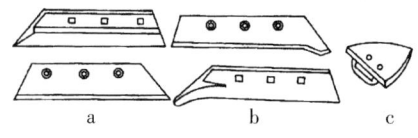

图 2-12　犁铧的形式
a. 梯形铧;b. 凿形铧;c. 三角形铧

· 22 ·

凿形铧用的较多,因凿形铧有较强的入土能力和较好的工作稳定性,且强度较高,使用寿命较长。

犁铧一般用锰钢或 65 稀土硅锰钢制造,刃口磨锐。磨刃的方法有上磨刃和下磨刃两种,一般采用上磨刃,刃角为 25～30°,刃口厚度为 0.5～1 毫米。据实验,刀刃磨钝后,入土能力减弱,耕深稳定性降低,工作阻力急剧增加,因此使用中应及时磨锐。

2. 犁壁

犁壁的表面是一个复杂的曲面,其前部为犁胸,后部为犁翼。犁胸起碎土作用,犁翼起翻土作用。因此,犁曲面的形状对犁的碎土和翻土性能有很大影响。

犁壁的结构形式如图 2－13 所示。主要有整体式、组合式和栅条式 3 种。

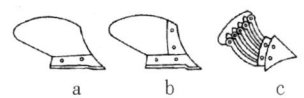

图 2－13 犁壁的形式

a. 整体式;b. 组合式;c. 栅条式

整体式犁壁制成一个整体,结构简单,安装方便,但局部磨损后需整体更换,不够经济。组合式犁壁的胸部和翼部分开,工作中胫刃和胸部磨损较快,可单独更换。栅条形犁壁减少了土壤和犁壁的接触表面,有利于脱土和降低阻力,适用于水田等土壤湿黏度大的犁耕。

犁壁要求坚韧耐磨,能抗冲击。因此,犁壁材料常用三层复合钢板制成,中间软层为低碳钢,表面和背面用 45 号钢或低合金钢,也有的用低碳钢板经渗碳淬火制成。

(二) 犁刀

当耕翻杂草残茬多的土壤时,可在主犁体前方安装犁刀,以切断杂草残茬,减少主犁体胫刃的磨损、减小耕地阻力,并切出整齐的沟墙,改善覆土效果。

犁刀有直犁刀和圆犁刀两种形式,如图 2－14 所示。

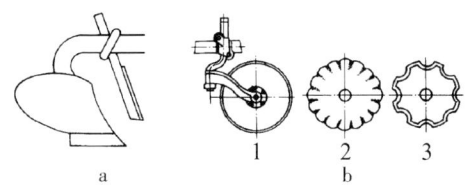

图 2-14 直犁刀和圆犁刀

a. 直犁刀；b. 圆犁刀

1. 普通刀盘；2. 波纹刀盘；3. 缺口刀盘

直犁刀结构简单，坚固耐用，不易损坏，但工作阻力较大，用于深耕和工作条件恶劣的特种犁，如深耕犁和灌木犁等。

圆犁刀滚动切土，阻力较小，工作质量好，不易挂草和堵塞，在机力犁上得到普遍的应用。圆犁刀的刀盘有普通刀盘、波纹刀盘和缺口刀盘等形式。普通刀盘为平面圆盘，容易制造，应用最广，波纹刀盘和缺口刀盘切草能力强，适用于黏重多草的土壤。

三、整地机械

(一) 圆盘耙

悬挂式圆盘耙一般由耙组、耙架、悬挂架和偏角调节机构等组成，如图 2-15 所示。对于牵引式圆盘耙，还有液压式（或机械式）运输轮、牵引架和牵引器限位机构等，有的耙上还设有配重箱，如图 2-16 所示。

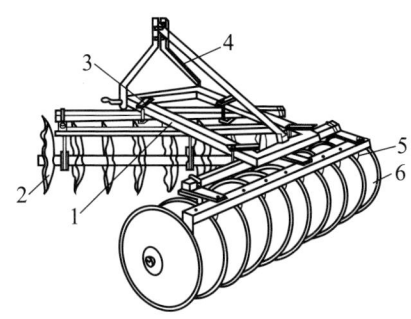

图 2-15 悬挂式圆盘耙

1. 耙架；2. 缺口耙组；3. 压板式角度调节器；4. 悬挂架；5. 刮土器；6. 圆盘耙组

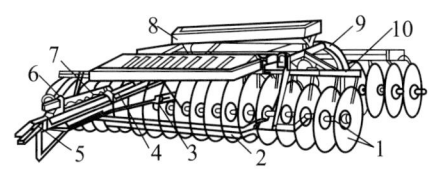

图 2-16 牵引式圆盘耙

1. 耙组；2. 前列拉杆；3. 后列拉杆；4. 主梁；5. 牵引器；
6. 卡子；7. 齿板式偏角调节器；8. 配重箱；9. 耙架；10. 刮土器梁

1. 耙组

耙组是圆盘耙的主要工作部件，各种圆盘耙的结构大体相同。但各种耙的耙组数、配置方案、单列耙组的耙片直径和数量，以及某些具体结构有所不同。耙组由 5~10 片圆盘耙片穿在一根方轴上，耙片之间用间管隔开，保持一定间距，最后用螺母拧紧、锁住而成，如图 2-17 所示。

耙组通过轴承及其支座与梁架相连接，工作时，所有耙片都随耙组整体转动。每个耙片的凹面一侧都有一个刮土板，安装在刮土板横梁上，用以清除耙片上的泥土，刮土板与耙片之间的间隙应保持 1~3 毫米，并可以调节。

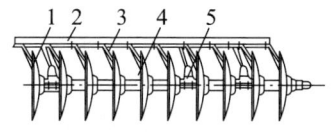

图 2-17 耙组

1. 耙片；2. 横梁；3. 刮土器；4. 间管；5. 轴承

耙片是一个球面圆盘，其凸面一侧的边缘磨成刃口，以增强入土和切土能力。耙片可分为全缘和缺口两种形式，如图 2-18 所示。缺口耙片的缺口形状有三角形、梯形或半圆形，除凸面周边磨刃外，缺口部分也磨刃。因此，缺口耙片有较强的切土、碎土和切断残茬的能力，适用于新开垦土地和黏重土壤。圆盘耙片的凹面一般为球面，也有锥面，耙片的中心孔一般为方孔。

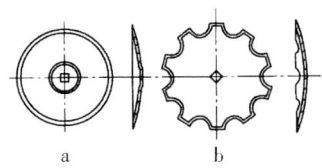

图 2-18 耙片
a. 全缘耙片；b. 缺口耙片

耙架是用两端封口的矩形钢管制成的整体刚性架,具有良好的强度和刚度。

偏角调节机构是用于调节圆盘耙的偏角,以适应不同耙深的要求。偏角调节机构的形式有齿板式、插销式、压板式、丝杆式、液压式等多种。图 2-19 为齿板式偏角调节机构的示意图。它由上下滑板、齿板、托架等零件组成。托架固定在牵引主梁上,上、下滑板与牵引架固定在一起,并能沿主梁移动,移动范围受齿板末端的托架限制。利用手杆可把齿板上任一缺口卡在托架上,通过一系列连杆机构使耙组绕绞结点摆动,从而得到不同的偏角。

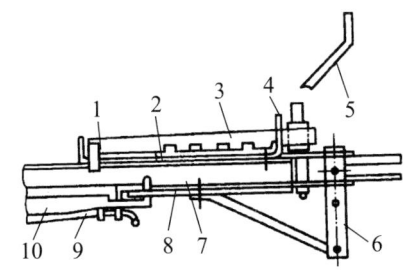

图 2-19 齿板式偏角调节机构
1. 托板；2. 上滑板；3. 齿板；4. 托架；5. 手杆；
6. 牵引架；7. 主梁；8. 下滑板；9. 后拉杆；10. 前拉杆

2. 圆盘耙的工作过程

圆盘耙片为一球面圆盘,工作时其回转面与地面垂直,并与机器前进方向有一偏角,滚动前进,在重力和土壤阻力作用下切入土中,达到一定深度。圆盘耙普遍采用改变偏角的方法来调节耙深。

(二)钉齿耙

用于耕后或播种前的松碎土壤,破碎雨后地表结成的硬壳,减少水分蒸发,平整地面,苗期除草等。

钉齿耙的类型很多,按其结构特点可分为固定式、振动式、可调式和网状钉齿耙等,如图2-20所示。

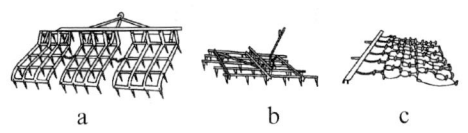

图2-20 钉齿耙的类型

a. 固定式;b. 可调式;c. 网状式

钉齿耙主要工作部件是钉齿,按钉齿适应土质的性质和深度大小可分为轻型、中型和重型3种;按结构形状可分为菱形、方形、圆形、刀形等多种形式,如图2-21所示。

菱形或方形断面钉齿具有良好的松土、碎土能力,工作稳定。因其有4个工作刃口,可转动半周重新使用,广泛用于重型和中型钉齿耙上;圆形断面钉齿的松土和碎土能力较差,多用于轻型钉齿耙上;箭形钉齿的横向破土性能好;L型刀齿是一种特殊结构形式,它的水平刀刃形成一个平面,使耕作层不生硬。

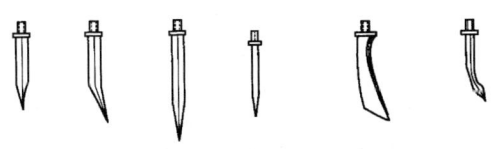

图2-21 钉齿的类型

1. 固定式钉齿耙

由钉齿、耙架、牵引机构或悬挂机构等组成。钉齿固定安装在耙架的齿杆上,耙的入土深度取决于耙的重量,钉齿耙的纵杆呈"Z"形,横杆与纵杆交点处配置耙齿,每3~4根"Z"形纵杆用3~5

个横杆结合起来,作为一节。再用刚性牵引架把数节连接起来,各节可单独摆动,因而工作较平衡,仿形效果好。

2. 可调式钉齿耙

与固定式钉齿耙结构相比增加了钉齿角调节机构,用于调整钉齿的倾角,耙架用5根横梁连接而成,每根横梁上装有5~7根钉齿,每个耙组上的钉齿数为25~35根,通过悬挂架或牵引架把2~4个耙组连接起来。在运输状态时,左右耙组可以折叠。

3. 网状钉齿耙

其特点是耙架为柔性,像网状一样,能紧贴地面工作,仿形性能好,耙深比较稳定,有较强的平土性能。

(三)弹齿耙

耙齿由弹簧钢制成,如图2-22所示,有一定的弹性,遇到石砾时不易损坏,弹齿的颤动能增强碎土能力,松土效果也较好,适合于凹凸不平或多石的地面作业,也可用于牧草、果园的整地和中耕。

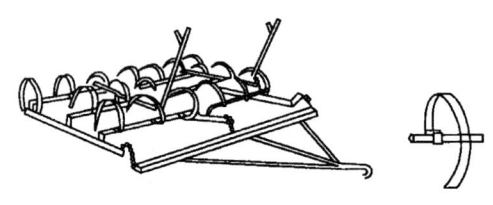

图2-22 弹齿耙

(四)水田耙

水田耙主要用于春耕与夏耕后碎土整地和双季稻地区早稻茬地的以耙代耕。在水田作业时,能使泥土搅混起浆,以利插秧;在旱田作业时,可起疏松表土、压实下层的作用。

我国南方地区使用的水田耙的种类很多,按工作部件不同,可分为简易水田耙(工作部件形式是单一的)和复式水田耙(同一耙上装有不同形式的工作部件)。按耙的结构形式分为星形耙和缺口耙,如图2-23所示。水田耙均采用悬挂式,以便能在水田内灵活运转。

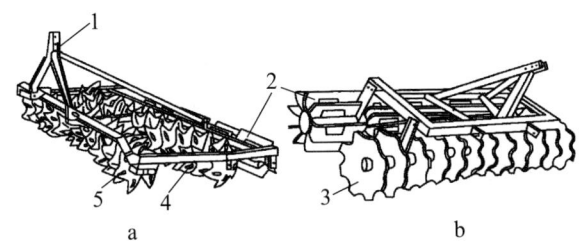

图 2-23 水田耙

a. 水田星形耙；b. 水田缺口耙

1. 悬挂架；2. 轧滚；3. 缺口圆盘耙组；4. 耙架；5. 星形耙组

1. 水田耙的工作部件

无论简易水田耙或复式水田耙，其使用的工作部件目前主要有：星形耙片、圆盘耙片、钉齿和轧滚等。

（1）星形耙片。星形耙片为平顶球面圆盘，在盘的外缘有6个弯齿，弯齿形状是根据滑切作用好、切割阻力小、作业性能好来设计的。弯齿刀刃较长，一边磨有弧形刃口，故有纵横切土的作用，且切土和碎土能力较强，还有一定的翻土灭茬作用，因此，使用普遍，是水田整地部件中碎土性能最好的一种。

工作时，星形耙片一边前进，一边滚动，在滚动和侧向推移作用下，泥土和水搅拌而形成泥浆。

星形耙片的结构有两种形式：一种是可卸式，即耙片的安装孔为方孔，装配时套在方轴上，通过间管，用螺母压紧；另一种是非卸式，耙片用焊接或铆接固定。南方系列耙采用可卸式结构，以便于修理。

（2）缺口圆盘耙片。缺口圆盘耙片一般有8个缺口，边缘磨刃，刃口厚度为0.5~1毫米。这种耙片虽为盘状，但因其缺口增加了刀刃长度，增加了单位面积压力，故具有较强的切土、翻土作用，对较硬或脱过水的稻茬田适应性较强，且具有一定的浅耕灭茬作用。但其碎土起浆作用不及星形耙片，阻力也较大。

缺口耙片直径一般有400毫米、420毫米和510毫米3种。而系列耙的缺口圆盘耙片直径为450毫米,曲率半径为600毫米,偏角调节范围最大为10°。

(3)钉齿。钉齿有碎土和平土的作用,适用于杂草少、土壤易碎的沙壤土。钉齿耙结构简单,制造容易,成本低,但其碎土起浆能力弱,在多草黏土田易挂草和壅土。

(4)轧滚。轧滚具有较强的灭茬、起浆能力,并兼有碎土、平整田面和混合土肥的作用,牵引阻力也较小,但对于较硬的土壤,轧压效果差。为了提高轧压效果,常使轧片均匀错开,或呈螺旋排列。

2. 水田系列耙

南方水田耙已设计为系列产品(简称系列耙),可以和以下5个功率级拖拉机配套,即15千瓦、22千瓦、30千瓦、37千瓦、44千瓦。配套的系列耙的名义幅宽分别为1.6米、1.9米、2.2米、2.5米和3.0米五级。系列耙的每一级又分为三列(两列耙组、一列轧滚)和两列(一列耙组、一列轧滚)两种形式(2.5米级的只有三列一种)。南方水田耙系列共有10种基本机型。

(五)驱动耙

驱动耙是一种由拖拉机驱动的整地机械,作业时工作部件在拖拉机动力输出轴的驱动下进行碎土、搅土。其特点是碎土灭茬性能好,工作质量高,作业后地表平整,土质松软,能满足农业技术要求。

驱动耙有多种型式,如滚筒型、旋转型、往复型等。过去这种驱动耙主要用于水田整地,一次作业即可达到插秧前的整地要求,近年来在旱地上也有所应用。

滚筒型驱动耙主要由耙滚、罩壳及拖板、平土板、传动机构、耙架和悬挂架等组成,如图2-24所示。

耙滚是其主要工作部件,由耙滚轴、耙齿板、耙齿、支承盘等组成,如图2-25所示。耙齿焊在耙齿板上,耙齿板用螺钉固定在支

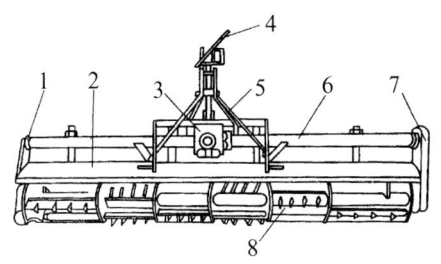

图 2-24　滚筒型驱动耙
1. 侧板；2. 罩壳；3. 齿轮箱；4. 平土板操纵杆；
5. 悬挂架；6. 主梁；7. 侧边传动箱；8. 耙滚

承盘上。在整个耙幅宽度上有若干个耙齿组,各耙齿组上的全部耙齿按螺旋线排列,左右交错配置,使负荷均匀,碎土一致。

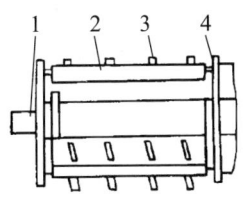

图 2-25　耙滚
1. 耙滚轴；2. 耙齿板；3. 耙齿；4. 支承盘

罩壳固定在耙滚的上方,拖板连接在罩壳的后下方,起安全防护及增强碎土的作用。平土板铰接在拖板后面,并通过连杆与机架连接,可进一步平整田面。将平土板操纵杆向后拉,使连杆与机架处于刚性连接状态,这样平土板可以起到整平田面的作用,但此时必须切断动力,否则耙滚易受阻而堵塞。若将平土板操纵杆向前推,使锁定机构分离,则平土板的尾部就不被压死而处于浮动,这样平土板只能靠其自身的重量拖平地面。平土板上方装有弹簧,可以调节对地面的压力。

旋转型驱动耙的工作部件是由 2~4 个钉齿构成的立式转子,多个转子横向排列成一排,如图 2-26 所示。转子随直立的转子轴在水平面内旋转,转速可以改变,相邻转子的旋转方向相反,转动范围有一定重叠,以防漏耙,钉齿间相互错开,互不干扰。钉齿的圆周速度比机器前进速度要大得多。播种前整地时用尖形钉齿,灭茬时可用刀形齿。这种驱动耙有较好的碎土效果,自净性能良好。

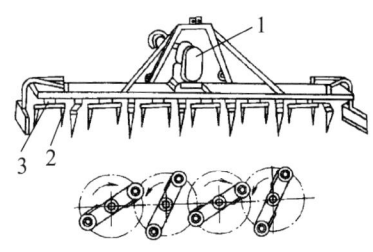

图 2-26 旋转型驱动耙
1. 齿轮箱;2. 转子;3. 转子轴

往复型驱动耙的工作部件是 2 排或 4 排钉齿,通过偏心摆叉把拖拉机动力输出轴的旋转运动转变为钉齿的横向往复运动,如图 2-27 所示。钉齿的运动轨迹是往复运动和机器前进运动的合成,前后排钉齿的运动方向相反,轨迹相互交错。钉齿往复运动的频率不变,通过改变拖拉机前进速度来调节碎土程度。这种驱动耙碎土能力强,钉齿往复运动产生的振动有助于破碎坚实土块,同时机器也会受到振动,因此,在耙的连接处通常都有减振装置。

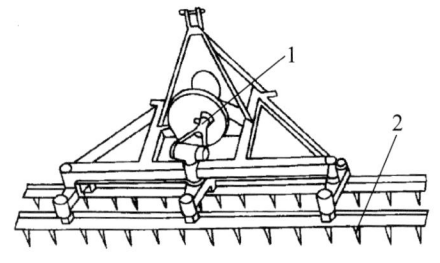

图 2-27 往复型驱动耙
1. 偏心摆叉;2. 钉齿

旋转型和往复型驱动耙能够保持土壤结构,不搅乱土层,在土壤表面留下一层风化的干土,有利于保持下层土壤的水分。

(六)旋耕机

悬挂式旋耕机的一般构造如前图1-5所示。它主要由工作部件、传动部件和辅助部件3部分组成。

1. 工作部件

旋耕机的工作部件也叫刀轴部件,主要由刀片、刀轴和螺钉、螺帽等组成,如图2-28所示。刀轴又由轴管、轴头和刀座3部分组成。轴管用无缝钢管制成,可减轻重量,上面按螺旋线排列形式焊有刀座,两端分别装有花键轴头和光轴头各一个。

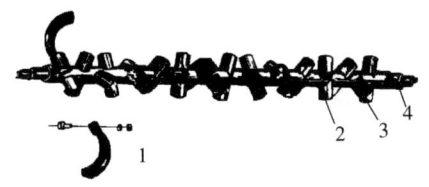

图 2-28 刀轴

1. 刀片;2. 刀座;3. 轴管;4. 轴头

2. 传动部件

传动部件由万向节总成、中间齿轮箱和左侧链轮箱3部分组成。它的作用是将拖拉机动力输出轴传来的动力降低转速、改变方向后传给刀轴。

对采用链条传动的,要对链条张紧装置按时检查调整。链条的张紧力可用手按检查;如用一手之力,能按动紧边链条时,则调整适当;若按不动,则表示太紧;反之,轻轻一按,链条就动,则表示太松。

3. 辅助部件

旋耕机的辅助部件包括悬挂架、机架、罩壳、拖板和支撑杆等。

旋耕机在工作时其刀片具有自身的回转运动以及和拖拉机一起向前的前进运动,刀片就是在上述两种运动同时存在的条件下完成切削土壤的工作,如图 2-29 所示。

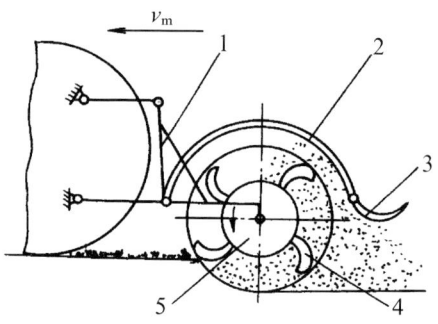

图 2-29　旋耕机的工作原理
1. 悬挂架;2. 罩壳;3. 拖板;4. 刀片;5. 刀轴

刀片在切土过程中,首先将土垡切下,随即向后抛出。土垡撞击到罩壳与拖板而破碎,然后再落到地表上。由于机组不断前进,刀片就连续不断地对未耕地进行松碎。

第三章 耕整地机械的使用与维修

一、深松机的使用与维修

(一)深松机的装配要求

1. 各部件不得有变形、损坏。

2. 铲刃应锋利,工作面应平整光洁。刃口厚度不得大于2毫米。

3. 仿形机构应完好无损。行走仿形轮轴向晃动不得大于2毫米。

4. 各铲之间距离偏差不得大于5毫米,铲尖着地要一致。

5. 悬挂架应保证入土角在35°以下。通过调整中央拉杆,使松土铲容易入土。

(二)深松机的修理

1. 铲刃磨损可用砂轮磨修,使其达到规定的刃厚标准。若磨损严重,可焊补后修磨到标准刃厚。

2. 梁架开焊或变形,可采用焊接或校正修复。

3. 仿形机构变形,可采用冷校正修复。

4. 铲柱变形,可采用冷校正之后,焊加强筋修复。

二、圆盘耙的使用与维修

(一)耙地作业方法

耙地作业一般有顺耙、横耙和斜耙3种基本方法。顺耙时,耙地方向与犁耕的方向平行,工作阻力小,但碎土作用差,适宜于在轻、松土壤中进行工作,有梭形、套形、回形走法,如图3-1中a、b、c所示。套形耙法与梭形耙法相似,主要是避免转小弯,以提高工作效率,适用于较大地块的作业。回形耙法适用于较小地块,以免因转弯过小而耽误工时。

垂直于耕地垄沟前进时称为横耙,平地和碎土作用均强,但机具颠簸大。

与犁耕方向成45°的耙地方法称为斜耙或对角耙法,平地及碎土作用都较强。若地块为正方形,行走路线如图3-1d所示;若地块为长方形,行走路线如图3-1e所示。

三角形地块的耙法如图3-1f所示,机组可从三角形地块的一角向地块中心行进。

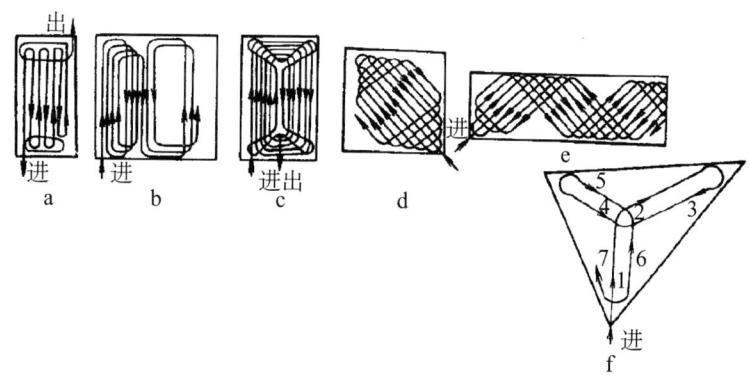

图3-1　耙地方法

a. 梭形耙法;b. 套耙法;c. 回形耙法;d、e. 斜耙法;f. 三角形地块的耙法

(二)圆盘耙的安装技术要求

1. 耙组方轴应平直,耙片刃口厚度应小于0.5毫米,刃口缺损不超过3处。

2. 安装缺口耙片时,相邻耙片的缺口要错开,以免耙组受力不均匀。

3. 安装间管时,其大头与耙片凸面相靠,小头与耙片凹面相靠。耙片的间距应相等,其偏差不大于8毫米。

4. 方轴一端的螺母必须拧紧并锁牢,耙片不得有任何晃动,否则耙片内孔会把方轴磨损。

5. 刮土铲与耙片凹面应保持3~6毫米的间隙,以免阻碍耙片转动。

6. 耙架不得变形或开焊,各连接螺栓应紧固,装好后的耙组应转动灵活。

(三)圆盘耙的调整

1. 耙组偏角调整

齿板式角度调节装置与方法如前述。在保证碎土能力的条件下,耙组角度不易过大,否则将使牵引阻力增加。

2. 配重调整

通过增减耙组配重盘上的配重,可调整耙深。

3. 刮土铲调整

刮土铲与耙片凹面应保持 1~2 毫米的间隙,如不符合规定,可通过改变刮土铲在耙架上的位置予以调整。

(四)圆盘耙的使用与维护

1. 使用注意事项

(1)根据作业要求,可用调节耙组偏角和增加配重的方法调整耙深。

(2)作业中不允许对耙进行修理、检查,只能停车进行。

(3)拖拉机带耙作业时不许急转弯,牵引耙不许倒车,悬挂耙转弯和倒车时应将耙升起后进行。

2. 维护

(1)班次维护。每班作业结束后,应清除耙片及耙架上的污物;检查并紧固各连接螺母;各转动部件加注润滑油。

(2)入库维护。作业季节结束后,机具要存放较长的时间,为保存好机具,延长使用寿命,应做好以下工作:清除耙片及耙架上的污物;在耙片上涂机油,以防锈蚀;检查轴承间隙,磨损过大时应更换,并更换轴承内的润滑脂,各转动部件加注润滑油;用木板将耙组垫离地面;存放于干燥通风的库房内。

(五)圆盘耙的常见故障及排除方法

圆盘耙的常见故障及排除方法见表 3-1。

表3-1 圆盘耙的常见故障及排除方法

故障现象	故障原因	排除方法
耙片不入土	1. 耙组偏角太小 2. 附加质量不够 3. 耙片磨损 4. 耙片堵塞	1. 调大偏角 2. 增加附加质量 3. 重新磨刃或更换 4. 清除堵塞物
耙后地表不平	1. 前后耙组偏角不一致 2. 附加质量不一致 3. 耙架纵向不平 4. 牵引式偏置圆盘耙作业时耙组偏转,造成前后耙组偏角不一致 5. 个别耙组不转动或堵塞	1. 调整偏角 2. 调整附加质量 3. 调整牵引点高低位置 4. 调整纵拉杆在横拉杆上的位置 5. 清除污泥或堵塞物使耙组转动
耙片堵塞	1. 土壤太黏太湿 2. 杂草太多刮泥板不起作用 3. 耙组偏角太大 4. 前进速度太慢	1. 等水分适宜时耙地 2. 调整刮泥板的位置和间隙 3. 调小偏角 4. 加快前进速度
阻力太大	1. 耙组偏角太大 2. 附加重物太重 3. 刮泥板卡耙片	1. 调小偏角 2. 减小附加重物 3. 调整刮泥板与耙片的间隙
耙片脱落	方轴螺母松脱	重新拧紧或换修

三、水田耙的使用与维修

（一）水田耙的安装检查与调整

1. 安装检查

水田耙作业前应进行检查,使机具技术状态完好。一般检查内容为:

(1)各工作部件的技术状态应完好。损坏变形的零件应修理或更换。

(2)耙组在耙架上的安装应正确。耙片在方轴上应无晃动,轧滚无脱焊。

(3)轴承严重磨损时应更换,耙架变形严重应校正,各紧固件应牢靠,转动件应灵活。

经过上述检查确认机具正常后,方可投入田间作业。

2. 调整

经过检查后投入田间作业的水田耙,可以通过试耙进行必要的调整。

(1)耙深的调整。可用改变耙组偏角和拖拉机液压机构的操作手柄位置来调节。土壤黏重,覆盖、碎土要求高时,可以调大偏角。调整方法是:将耙升起,拧松耙组外端的紧固螺母,将轴端沿弧形板推移到需要位置,再将紧固螺母拧紧,左右耙组调成一致。

(2)耙的水平调整。工作时,耙架的前后和左右应水平,可分别用拖拉机悬挂机构的上拉杆和左(或右)提升杆来调平。

(二)水田耙的使用及常见故障排除方法

1. 使用注意事项

(1)耙田质量与水深关系很大,水过深看不清地面不易耙平;水太浅易拖堆,形成泥浆差,同时,橡胶轴承在缺水的情况下工作易损坏。一般水深以淹至耙片一半为宜。

(2)耙地时,相邻行间应有20~40厘米的重叠量,这样地面容易耙平,避免漏耙。

(3)在地头转弯和倒车时应将耙升起,并避免耙与田埂相碰,以免损坏机件。

(4)作业时,严禁耙上站人或搁置重物,严禁对耙进行故障排除,以免发生人身事故。

(5)根据地块和块形采用不同的耙地方法,以提高耙地质量,减少机组空行,提高效率。

2. 常见故障及排除方法

水田耙常见故障及排除方法见表3-2。

表 3-2　水田耙常见故障及排除方法

故障现象	故障原因	排除方法
拖堆积泥无法正常工作	1. 田中水深不够 2. 耙架不平前低后高,偏角太大 3. 田地泡水时间短,土垡干硬 4. 犁耕质量差,耕深过大等	1. 增加淹水量 2. 调平耙架,减小偏角 3. 增加浸水时间 4. 保证耕地质量
耙不平	耙架左右前后不平,偏角太大等	调平耙架,调整偏角
耙不深	1. 偏角太小 2. 土垡太硬 3. 耙片磨钝和黏土太多	1. 增大偏角 2. 延长水浸泡土垡时间 3. 磨刃、清除黏土
耙组不转动	1. 轴承损坏 2. 耙组轴变形 3. 被泥草堵塞	1. 更换 2. 校直或更换 3. 清理杂草
夏耙稻草田,稻草不翻转	前列耙组偏角太小,耙架前部上抬	调整

四、旋耕机的使用与维修

（一）旋耕机的选购

旋耕机是和拖拉机配套作业的机具,产品型号的选择要因地制宜,根据已拥有的拖拉机和当地的自然条件来确定机型的耕宽。选购旋耕机时,用户应查看产品是否检验"合格",拒绝无产地、无商标、无产品检验合格证的产品。看产品外观质量,油漆有无脱落,毛刺是否清除干净。有条件的最好空机运转几分钟,听声音是否正常,摸轴承部位是否过热,试验操作是否灵活到位。

（二）旋耕机刀片的安装

根据不同的农业技术要求,旋耕机刀片可采用不同的安装方法。安装时,刀片的弯曲方向不同,地表就有不同的形状,一般有 3 种安装方法:交错安装、向外安装和向内安装,见图 3-2 所示。

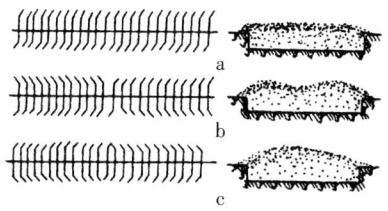

图 3-2 旋耕刀片安装方法

a. 交错安装；b. 向外安装；c. 向内安装

交错安装：左右弯刀在刀轴上交错排列安装。耕后地表平整，适于耕后耙地或播前耕地，是常用的一种安装方法。

向外安装：刀轴左边装左弯刀片，右边则装右弯刀片，耕后中间有浅沟，适于拆畦或开沟作业。

向内安装：刀轴左侧全部安装右弯刀片，右侧则全部安装左弯刀片，耕后中间有隆起，适于筑畦或中间有沟的地方作业。安装时，应注意使刀轴的旋转方向和刀片刃口方向相一致，并进行全面检查，特别是螺钉要固紧，严防旋耕刀飞出伤人。

（三）旋耕作业方法

旋耕机的构造特点决定了其旋耕方法不同于犁耕法，而近似于耙地方法。一般常见旋耕作业方法有回形、梭形和套耕。具体见耙地方法的图 3-1 所示。

（四）旋耕机使用前的技术状态检查

1. 刀片的刃口厚度应为 0.5～1.5 毫米，刃口曲线过渡应平滑，若刃口有残缺，其深度要小于 2 毫米，且每把刀的残缺不能多于两处。

2. 刀片在刀座上必须安装牢固，应有锁紧措施，防止松脱而造成人身事故或机具损坏。

3. 刀滚装到旋耕机之后，刀片顶端与罩壳的间隙以 30～45 毫米为宜，间隙过大时，垡块易反抛到刀轴前方被再次切削，浪费动力；间隙过小时，易造成堵塞。若此间隙小于 28 毫米，就需要重新装修罩壳。

4. 刀滚装到旋耕机上后,应进行空转检查。把旋耕机稍离地面,接合动力输出轴,旋耕机低速旋转,观察其各部件是否运转正常,如整个刀滚运转是否平稳、有无碰擦等异常情况。

5. 在拖拉机和旋耕机之间安装万向节总成时,必须使方轴和方轴套的夹叉处于同一平面(图3-3),以保证所传递的转速平稳。要求轴和方轴套之间的配合长度要适当,它们之间的配合长度在工作时要求不小于150毫米,在升起时要求不小于40毫米,防止提升时因配合长度不够而脱出或损坏,但也要防止工作时因配合长度太长而顶死。

万向节总成两端的活动夹叉与拖拉机动力输出轴轴头和中间齿轮传动箱轴头连接时,必须推到位,使插销能插入花键的凹槽内,最后还应用开口销把插销锁好,以防止夹叉甩出造成事故。

6. 传动装置在每个耕季结束后都要检查一次,以保持其经常处于完好的技术状态。检查方法是:先放出传动箱的齿轮油并清洗内部,然后检查调节,再加入新齿轮油,若检查时发现问题,要及时进行拆装和修理。

(五)旋耕机的挂接

1. 旋耕机的耕幅与拖拉机轮距的配套。旋耕机的工作幅宽应与拖拉机的轮距相适应,一般应大于或等于拖拉机的轮距,以免工作时拖拉机轮胎压实已耕地。

由于旋耕机功率消耗大,对于中型、小型拖拉机,旋耕机的耕幅往往小于拖拉机的最小轮距,这时旋耕机应采用偏挂方式,偏置于拖拉机一侧,并在工作中采取合适的行走方法,尽量避免压实已耕地。

2. 旋耕机与拖拉机的连接。旋耕机一般用三点悬挂方式与拖拉机连接,并通过万向节传动轴与输出轴相连。安装万向节轴时,伸缩方轴的长度要与拖拉机型号相适应,保证工作或升起时方轴与方轴套不致顶死,降落时也不致脱出。万向节安装时,应注意使中间的夹叉方位相同,保证刀轴旋转均匀,如图3-3所示。

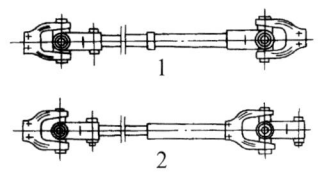

图3-3 万向节的安装
1. 正确;2. 错误

(六)旋耕机的使用

1. 旋耕机的调整

(1)旋耕前的调整

①左右水平调整　将旋耕机降低,检查左右两端的刀尖离地高度,若不一致,可通过拖拉机的悬挂右(或左)提升杆进行调整,使左右耕深一致。

②前后水平调整　此调整的目的是使旋耕机下降到要求的耕深时,齿轮箱上的花键轴与动力输出轴相平行(即处于水平),使万向节及机组在有利条件下工作,调节方法是改变拖拉机悬挂上拉杆的长度,使齿轮箱达到水平即可。

③提升高度的调整　万向节倾斜角度变大时,本身消耗的功率就会很快增多,而且万向节容易损坏。因此,要求万向节在升起时的倾角不超过30°,一般只需刀尖离开地面20厘米左右,即可转弯空行。为了操作方便,应将最高提升位置加以限制,即将拖拉机位调节扇形板上的限位螺钉固定在适当的位置上,使每次提升的高度保持不变。

(2)升降和深浅的调整　由于拖拉机液压机构的不同,旋耕机的升降和深浅的调节也不同,现将它们的调节方法和注意事项介绍如下:

①与具有力调节、位调节液压系统的拖拉机配套时,应用位调节,禁止使用力调节,以免损坏旋耕机。当旋耕机达到需要耕

深后,应用限位螺钉(手轮)将位调节手柄挡住,使每次耕深一致。

②与具有分置式液压系统的拖拉机配套时,分配器手柄应放在浮动位置上,旋耕机的深浅用固定在油缸活塞杆上的定位卡箍来调节。下降或提升旋耕机时,手柄应迅速扳到"浮动"或"提升"位置上,不可在"压降"或"中立"位置上停留,以免损坏旋耕机。

(3)碎土能力的调整　碎土能力与拖拉机前进速度及刀轴转速有关,一般情况下,应改变前进速度来调整碎土能力。如中间传动箱的速比可以调整,也可以用改变传动箱速比的方法来适应不同的土质和不同型号的拖拉机。

在一般情况下,旱耕作业的前进速度选用2~3千米/小时;水耕或耙地作业选用3~5千米/小时。

2. 旋耕机的使用注意事项

(1)田间转移。旋耕机田间作业转移地块时,拖拉机应用低挡行驶,犁刀要离开地面。越过田埂、沟渠时,需将旋耕机动力置于分离位置,并将尾轮抬起,以免碰撞尾轮造成内管弯曲。

(2)开始作业。旋耕机开始作业时应先接合动力,使犁刀轴旋转,并使犁缓慢入土,以免产生冲击,损坏犁刀。

(3)作业。旋耕机作业时应根据地块大小、土壤性质、作业要求及驾驶员的操作熟练程度来选择拖拉机速度,既要充分利用拖拉机的功率,又不能长期超负荷。严禁用高挡和倒挡进行作业。清除犁刀上的缠草时,应切断动力或停车。地头转弯时,应先减油门,提升旋耕机,使犁刀出土后,拖拉机再转弯。

(4)平时作业。平时应注意旋耕机各部分工作情况,经常检查犁刀及其他部分是否松动或变形,必要时及时紧固或校正。此外,石块、树根、杂草多的地块,不宜用旋耕机进行作业。

(5)旋耕机转动时,其后面不能有人,人在侧面也不能离刀片很近,以防刀片甩出伤人。

（七）旋耕机的保养

"防重于治、养重于修"是农业机械使用保养的原则，旋耕机的保养分为班保养和季度保养或保管。

1. 班保养

一般情况下，每班作业后应进行班保养，内容包括：

（1）检查拧紧连接螺栓。

（2）检查插销、开口销等易损件有无缺损，必要时更换。

（3）检查传动箱、十字节和轴承是否缺油，必要时立即补充。

2. 保管

每个作业季节完成后，在保管前，应进行以下维护。

（1）彻底清除机具上的泥尘、油污。

（2）彻底更换润滑油、润滑脂。

（3）检查刀片是否过度磨损，必要时换新。

（4）检查机罩、拖板等有无变形，若有需恢复其原形或换新。

（5）全面检查机具的外观，补刷油漆，弯刀、花键轴上涂油防锈。

（6）长期不使用时，轮式拖拉机配套旋耕机应置于水平地面，不得悬挂在拖拉机上。要将机具支起放平，使刀片离地。

（八）旋耕机的常见故障及排除方法

旋耕机在作业时常见的故障及排除方法如表3-3所示。

表3-3 旋耕机常见故障及排除方法

故障现象	故障原因	排除方法
旋耕机工作时跳动	1. 土壤坚硬 2. 犁刀安装不正确	1. 降低拖拉机的挡位及犁刀轴转速 2. 按规定重新安装犁刀
工作负荷过大	1. 耕幅过宽及耕得过深 2. 土壤黏重、干硬、比阻过大	1. 减少耕幅或耕深 2. 拖拉机选用低挡，降低犁刀轴旋转速度

（续表）

故障现象	故障原因	排除方法
工作时有金属敲击声	1. 犁刀固定螺钉松动 2. 犁刀轴两端的犁刀变形后撞侧板 3. 传动链条过松	1. 紧固犁刀固定螺钉 2. 校正或更换犁刀 3. 调整链条紧度
齿轮箱有杂音	1. 轴承损坏 2. 齿轮牙齿损坏 3. 齿轮箱内有异物落入 4. 圆锥齿轮侧间隙过大	1. 更换新轴承 2. 更换或修复齿轮 3. 清理齿轮箱取出异物 4. 调整圆锥齿轮的侧间隙
旋耕机向后间断抛出大块土	犁刀弯曲变形，断裂或丢失	校正、更换或补装犁刀
耕后地表起伏不平	1. 旋耕机左右不水平 2. 刀片安装不对 3. 拖板调节不当	1. 旋耕机左右调整水平 2. 重新正确安装刀片 3. 正确调整拖板
犁刀轴转不动	1. 齿轮卡死，轴承损坏 2. 刀轴及侧板变形 3. 犁刀间被泥土堵死	1. 修理或更换齿轮和轴承 2. 修复刀轴或侧板 3. 清除泥土
刀座脱焊断裂	1. 犁刀碰到坚硬物时受力过大 2. 焊接质量差 3. 犁刀装反，阻力过大 4. 降落时太猛，冲击力过大	1、2. 重新焊接 3. 正确安装犁刀 4. 工作时旋耕机要缓慢降落
漏油	1. 油封或纸垫损坏 2. 箱体有裂纹	1. 更换油封或纸垫 2. 修复箱体
链条断开	1. 旋耕机落地过猛 2. 链条质量差 3. 链条卡住 4. 机组遇到较大阻力时，油门加得过大	1. 缓慢降落旋耕机 2. 更换高质量的链条 3、4. 遇到较大阻力时应停车检查，找出原因，排除后再继续作业

(续表)

故障现象	故障原因	排除方法
犁刀变形或折断	1. 石块、树根或其他坚硬物体碰撞所致 2. 地头转弯时,犁刀没出土 3. 热处理质量没有达到要求	1. 清除石块、树根及坚硬物体 2. 转弯时要将旋耕机升起 3. 提高制造质量
万向节飞出	1. 十字节损坏 2. 方轴插销脱落 3. 孔用弹性挡圈损坏	1. 修复或更换十字节 2. 装上插销 3. 更换挡圈
轴承过热	1. 润滑油不足 2. 轴承间隙过小 3. 轴承损坏	1. 定期检查油面,不足时及时添足 2. 调整间隙到规定值 3. 更换轴承
动力输出轴损坏	1. 万向节轴倾角过大 2. 猛降入土,负荷过大 3. 方轴脱套,夹叉继续转动	1. 换新轴,限制提升高度 2. 换新轴,缓慢下降 3. 换新轴,查出脱套原因

(九)旋耕机的修理

1. 悬挂架和刀轴变形,可采用冷校直法修复,但变形严重则需更换。

2. 传动链片磨损,可冲掉该链节,重新铆上完好品。

3. 刀片磨钝,可用磨削方法达到标准刃厚,如此法不能修复,可用汽车弹簧钢板焊接后磨修达到标准。

4. 机壳破裂,可用焊接法修复,严重者更换新品。

五、田园微耕机的使用与维修

针对温室、大棚等特殊的耕作环境,我国陆续引进和研制生产了多功能耕整机械,图3-4是北京多力多机械设备制造有限公司生产的系列多功能田园耕整机(又称微型耕整机,简称微耕机)及其配套的农具。

微耕机多以小型柴油机或汽油机为动力,以皮带离合器或整体式变速齿轮箱作为传动。变速箱体多为整体式结构,其上为变速部分，其下为动力输出部分，动力输出轴部分与变速部分之间一般采用链条传动。具有体积小，操作方便，易于维修，工作稳定可靠，生产效率高等特点。

DWG2.5 型微耕机

水田旋耕刀　　单铧犁　　培土器　　翻转犁

　　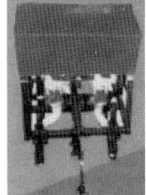

除草刀　　　　施肥播种机

小挂车

图 3-4　微耕机及配套农具

该机可用于平原、山坡、果园、蔬菜大棚、园林等大型、中型农机难以作业到的地块。

微耕机的结构包括机架、扶手、柴油机或汽油机以及驱动轮和耕作刀具等。通过简单更换配件,可实现深耕、旋耕、除草、播种、施肥、喷药、运输等作业。其操作扶手的高度能根据操作者的具体情况进行调整;操作扶手在水平方向左、右可作180°调整,以利于边角处作业。

风冷发动机机体为铝压铸,拉绳(带恢复器)启动,对燃油的品质和维护保养要求较高;水冷发动机外型稍大且显粗糙,摇把启动,但相对故障率低。柴油机动力强、比较经济,汽油机排放少适合于棚内作业。

(一)微耕机在使用和保养上要注意的问题

微耕机以轻便、灵活、多功能及价格低廉成为各地种田者的得力帮手,保有量较大,但因使用和保养不当,造成故障率过高而降低其功效的问题时有发生,下面是需要注意的事项。

1. 新机或大修后的发动机和整机必须要磨合到位

新的或大修后的微耕机,必须严格按照说明书的要求进行必要的磨合。这是因为零件在加工过程中会遗留加工印痕,导致装配后零件的相互配合间隙不能处于最佳的状况,通过运转磨合,使发动机和传动部件在良好的润滑条件下,经过缓慢的增加负荷,逐步磨去零件配合表面的不平部分,以便为机器的正常使用和延长寿命打下良好的基础。磨合是一个循序渐进的过程,必须从小油门低转速、低挡位、低负荷开始,逐步加大到高转速、高挡位、大负荷。不能为节省时间而把应该磨合的工序省去。

(1)磨合试运转前的检查。

①检查各零部件的紧固情况。

②根据使用说明书,检查各传动部位润滑油、燃油是否符合加注量要求。发动机油底壳的机油应处在机油尺上下刻度线之间。采用水冷发动机时,应检查冷却水量是否足够。

③检查并调整三角皮带的张紧程度及离合情况。

④检查轮胎气压。

⑤熟知各挡位。

(2)磨合试运转规范。

①空运转 将主离合器处于"分离"状态,启动发动机。主机为汽油机时,先缓缓拉出手拉绳(避免使拉绳在保护罩上摩擦,以免损坏绳子)直到有沉重感时,再猛然用力拉动启动绳。一次启动不着时,可稍停顿1~2秒再拉动启动绳,直至启动为止,并尽快使拉绳手柄回位。主机采用水冷柴油机时,用摇把先把活塞摇到上止点,然后用右手握住摇把,左手打开减压开关,右手用力摇动摇把,摇起后快速放开减压阀,发动机即可启动。将变速箱置于空挡位置,结合主离合器,使发动机转速逐渐由低到高运转15分钟。

②各挡位试运转 要在空旷平地上进行。将发动机调整到中等转速,先将变速箱变速手柄挂到1挡(即最慢速)位置,然后缓慢接合主离合器,使微耕机向前试运转,时间不少于30分钟;在运转正常的情况下,再依次进行2挡、倒退1挡、倒退2挡的试运转,每挡试运转时间不少于30分钟。

③主机与旋耕机连接试运转 安装旋耕机,安装主机与旋耕机连接链盒,用手转动无受阻现象,即可调整旋耕机尾轮,使旋耕刀离开地面,并将旋耕机变速箱处于"空挡"位置,然后"接合"至"前进"位置再使主机1挡行进,此时主机与旋耕机进行复合运转,时间不少于30分钟。

④负荷试运转 在以上试运转正常情况下,即可进行田间旋耕作业。旋耕深度要逐渐加大,可按每隔10分钟加深40毫米的进度,直到最大耕深。

2. 保养要到位

由于微耕机工作的环境较恶劣,保养就显得尤为重要。微耕机在工作中,由于零部件互相摩擦振动,以及油、泥、水的侵袭,不可避免的要造成零部件的磨损;加之连接松动、腐蚀老化等现象,从而使微耕机技术状态变坏,功率下降,油耗增加,磨损加快,故障不断出现。为了防止和延缓上述故障情况的发生,就必须严格执行"防重于治,养重于修"的维护保养制度。

保养必须严格按照使用说明书保养的周期和内容来进行。每班作业后,都要检查各连接部分有无松脱,油、水、气有无泄露,发动机和齿轮箱的油耗与油质情况,并清理整机及附件上的污垢、杂草,对损坏的零部件要及时更换。然后将机器存放于库内,以避免风吹雨淋和暴晒。

例如,曾有机手在作业后找修理人员,反映微耕机烧机油,启动困难,工作无力。经修理人员拆开机器检查后发现:发动机齿轮箱内的机油已成泥状,润滑困难;发动机的散热片通风孔全部堵塞,散热效果差;缸套、活塞严重磨损,动力不足。这是典型的保养不到位造成的故障。

还有一些错误的保养方法,如下所述。

(1) 风冷机用水降温。有些机手看到风冷机温度较高,担心损坏机器,用浇水的方法帮忙降温。这是非常错误的做法,因为用水骤然降温,缸套会突然收缩,容易发生拉缸、断环,甚至缸套破裂的严重故障。

(2) 不重视班保养。有的机手认为几天做一次保养就行了,其实,磨损是日积月累的过程,班保养同样重要。

(3) 不重视燃油和润滑油的质量。燃油质量差,不仅使机器动力不够,而且加速了油泵和芯套的磨损;润滑油的好坏,直接影响机器的启动性能和使用寿命,一定要按照说明书指定的牌号规格进行加油。

(4) 发动机偏盖垫使用密封胶不当。偏盖垫使用密封胶后,多余的胶容易进入齿轮箱,由于长时间的工作和机油泵的吸力,密封胶很容易堵塞机油进油孔,使曲轴和连杆得不到有效的润滑。因此,不要过多涂密封胶。

(5) 燃油箱盖漏油用薄膜纸封死。封死油箱以后,长时间工作就在油箱内产生负压,导致进油不足,使机器在工作时冒黑烟,动力不足。因此,不能用薄膜纸封住燃油箱盖。

(6)柴油雾化不良只换油嘴。柴油雾化不良除油嘴问题外,多是高压油泵磨损,压力小,油量少造成。

(7)乱紧机体上的螺丝。微耕机多配备的是铝合金箱体的发动机,铝合金的硬度不及球墨铸铁,因此所有上在机体上的螺丝必须按照规定扭距用力,特别是缸盖螺丝,稍不注意就会"拉丝"。而且尽量不要在热机时紧螺丝。

(8)乱拆风冷机的导风罩和挡风板。有的机手不知导风罩和挡风板的作用,以为是挡泥土的东西,可要可不要,任意拆卸,致使风扇的风无法集中,失去了降温的效果。

(二)微耕机的正确操作方法

启动发动机前,要检查燃油、润滑油是否够量,各连接部位是否紧固,各操作系统是否灵活。检查后,启动发动机,并使发动机在怠速下运转2~3分钟,倾听运转声音有无异常,检查有无过热现象,确认正常后方可连接农具进行作业,具体按以下方法操作。

1. 正确的操作方法

(1)启动发动机时,应先使离合器处于分离状态,并把变速杆放在空挡位置。

(2)在主离合器处于分离状态下先选择"前进"或"后退"挡。

(3)在运转过程中不允许加注燃油,以免引起火灾。

(4)移动作业中,操作者应注意脚步稳定,并确保对操纵系统的控制能力。

(5)在温室内使用时,应注意通风,以免废气滞留室内。

(6)选择"倒退"挡时,必须小油门缓慢起车。否则容易造成个别齿轮超负荷冲击,损坏机件,同时操作者身后必须保证有足够的空间,并随时准备控制切断离合器和油门供油,以免发生意外。

(7)在回转耕作时,应掌控好机器,避免倾倒。

(8)停机时先控制油门位置,使发动机转速降低,再把离合器处于分离状态,变速杆放在空挡位置,然后逐渐减小油门,将发动机停火开关推至"关"的位置即可停车。主机为汽油机时,停车后使离合器接合,缓慢拉动启动器拉绳,使车停在有压缩感的地方,然后再将变速箱挡位放在空挡位置。

2. 错误的操作方法

操作方法不对,很容易造成一些故障。以下是不正确的几种操作方法。

(1)长时间超负荷作业 微耕机在水田和较硬的田块作业时,发现机器冒黑烟,就要及时减挡。

(2)发现异响要及时停机检修,排除故障后才能重新启动。

(3)各种间隙没有及时调整正确。

(4)启动方法不正确,容易损坏启动拉盘。要严格按照说明书的要求启动。

(5)转向时不抬扶手,利用助力耕刀转弯,容易折断助力耕刀。

(6)长时间翘头工作,容易使发动机润滑不良。

(三)微耕机的保管存放

作业季节结束,微耕机需较长时间存放时,要进行以下操作:

1. 趁热放出发动机底壳、变速箱中的润滑油。放出发动机燃油箱里的燃油。

2. 清洗机器外表的尘土、污垢,防止锈蚀。

3. 检查各部件情况,有损坏的进行修理或更换。并注入新机油,然后启动发动机运转5分钟,使机油流到各部分。

4. 在脱漆处涂上防锈油或补刷防锈漆。在外部易生锈及传动部位(车轴、旋耕机轴等)涂机油。

5. 将皮带、链条放松,轮胎气压减低并支离地面。将消声器、空气滤清器口用塑料袋密闭包扎。

6. 将机器存放于通风、干燥的机库里。

(四)微耕机的常见故障与排除方法

以汽油机做动力的微耕机为例进行说明,如表3-4所示。

表 3-4　微耕机常见故障与排除方法

故障现象	故障原因分析	排除方法
汽油发动机启动不着	1. 无汽油或油路开关没打开或阻风门开度不对 2. 火花塞损坏,导致无火 3. 汽缸燃烧室内机油或汽油进得过多,使火花塞不能点火	1. 加入燃油,打开燃油箱开关,冷机启动时关闭阻风门开度的2/3,热机启动时全开阻风门 2. 更换火花塞 3. 拆下火花塞,关闭燃油箱开关,然后拉动启动盘,观察火花塞口有油排出,并判断是机油还是汽油:若是机油,则应更换活塞环或修理缸筒并配活塞;若是汽油,则应多拉几次启动盘以排出汽油,再等一段时间让汽油挥发掉,并适当调整浮子室的油面高度
工作时汽油机乏力,排气口冒黑烟	空气滤清器堵塞	清洗空气滤清器
工作时汽油机乏力,加油后无改变	1. 化油器堵塞 2. 阻风门未打开 3. 燃烧室积炭过多,导致进排气门关闭不严,或进排气门座磨损严重	1. 清洗油箱过滤器、清洗化油器 2. 检查阻风门拉杆、弹簧是否脱落,保证阻风门开度准确 3. 清除积炭,修理磨损的气门座
汽油机不能熄火	熄火线断或接触不良	进行修理
汽油机工作时出现大噪声和振动	汽油机出现爆燃现象	1. 适当调整点火提前角 2. 检查加注的汽油牌号是否偏低,更换抗爆燃的高牌号的汽油

六、秸秆粉碎还田机的使用与维修

秸秆粉碎机主要与大中型拖拉机悬挂,采用卧式刀轴、锤爪和甩刀式,将茎秆切成碎段抛撒于田间。机器的正确使用和保养是延长其寿命的保障。

(一)秸秆粉碎还田机的正确使用

1. 作业前应认真检查各零部件连接是否正确、可靠,紧固件是否松动,转动部件是否灵活;仔细检查刀座和刀片的连接情况,若有异常应及时修复、更换;检查调整传动皮带或链条的张紧度至合适紧度;按要求加注润滑油和润滑脂;与拖拉机挂接妥当后使刀轴空运转3~5分钟,确认各部位运转正常后方可投入作业。

2. 机组与拖拉机挂接进地后,首先要使机架在工作位置时保持前后、左右水平,若不符合,可通过调整拖拉机悬挂上拉杆长度以使机具前后保持水平,调整左或右悬挂拉杆的长度使机具左右保持水平;调整限深轮高度至合适,防止刀片入土。

3. 根据作物的种植密度、土壤含水率和坚实度,采用不同的作业速度。

4. 挂接动力输出轴应在低速空负荷状态进行,待发动机加速到额定转速后,机组才能缓慢起步投入负荷作业,严禁带负荷启动秸秆粉碎还田机或机组启动过猛,以免损坏机件。

5. 机组转弯、倒退、田间转移时应切断动力,并适当提升刀片。

6. 秸秆还田机刀轴的转速越高,秸秆的粉碎质量越好,但会使拖拉机负荷加重甚至超负荷。使用中应根据负荷、拖拉机行进速度合理选择,达到低能高效的目的。

(二)秸秆粉碎还田机的维护

班作业结束后,应及时清除转动部位积塞物及护板内壁上的泥土,检查各转动部分的紧固件,若有损毁应及时调整、更换。

按说明书规定,向各润滑器加注润滑脂(黄油)。

(三)秸秆粉碎还田机的保管

长时间不用时,应彻底清洁机具各处,做好外露部件的防锈处理,刀片应涂油保护,将机器垫起离开地面,并存放在干燥通风的厂房。若露天存放时应加防雨、防晒设施。

(四)秸秆粉碎还田机的常见故障及排除方法

秸秆粉碎还田机的常见故障及排除方法见表 3-5。

表 3-5 秸秆粉碎还田机的常见故障及排除方法

故障现象	故障原因	排除方法
粉碎质量差	1. 传动皮带过松 2. 刀片磨损或短缺 3. 前进速度过快,负荷过重 4. 刀片装反	1. 调整至规定紧度 2. 更换刀片 3. 降低行走速度 4. 重新安装
喂入口堵塞	1. 作物过密 2. 前进速度过快	1. 换装合适刀片,减少作业行数 2. 降低行走速度
机器强烈震动	1. 刀片脱落 2. 紧固螺栓松动 3. 万向节叉方向装错 4. 轴承损坏	1. 重新安装或更换刀片 2. 按规定拧紧 3. 按规定重新安装 4. 更换轴承
传动皮带严重磨损	1. 皮带张紧度不当 2. 多根皮带长度不一致 3. 负荷过重 4. 刀片打土	1. 调整至规定要求 2. 更换统一规格的皮带 3. 降低行走速度及耕深 4. 选择合适刀片及安装方向,调整限深轮高度

下篇 种植机械

第四章 种植机械基础知识

播种是作物栽培过程重要的环节之一,良好的播种质量是保证苗齐和苗壮的基础。用机械播种能够保证作业质量和提高工作效率,因此,播种机的使用得到大力推广。

一、播种的农业技术要求

(一)适时播种,不误农时。

(二)播种量符合要求,排种器不损伤种子、且排种均匀。

(三)播种深度符合要求,并均匀一致。

(四)播种行距一致,无重播和漏播。

(五)播种的同时尽量能进行施肥、打药、镇压等联合作业。

二、播种机的分类

按不同的标志,可将播种机分为以下类型。

(一)按播种方式

播种机可分为撒播机、条播机和点(穴)播机。撒播是将种子漫撒于田间,种子分布得均匀,多用于牧草播种;条播是将种子播成条(行),小麦、谷子等多用此法播种;点(穴)播是将单粒或多粒种子播成穴(窝),常用于玉米、棉花、大豆等作物的播种。

近年来,精密播种技术得到了推广和应用,与之配套的有小麦精密播种机和玉米精密播种机等。精密播种是与普通播种的粗放性相比较来说的,在播种量、行距、株距、播深等方面都比较精确;比普通播种的播种量要少,在保证个体发育的田间光照及养料充足的前提下,实现个体的健壮成长,使得成穗足且大、果穗粒多而重,从而实现高产。精密播种可实现将精确的种子数准确地分配在行中,并保证播深一致,但对种子和土壤条件要求都很高,例如种子需进行精选分级和处理,以保证发芽率和出苗能力,土壤肥水充足,并能有效防止病虫害的发生。

（二）按与拖拉机连接方式

可分为牵引式、悬挂式和半悬挂式。

（三）按作业模式

可分为施肥播种机、旋耕播种机、免耕播种机和铺膜播种机等。

（四）按排种原理

可分为机械式、气力式和离心式等。

（五）按作物品种类型

可分为谷物播种机、棉花播种机、牧草播种机和蔬菜播种机等。

三、栽植机械的种类

水稻种植方式有移栽和直播两种，所以，就形成了移栽体系和直播体系。育苗移栽对气候有补偿作用，能充分利用光热资源，可缓解我国人口多与耕地资源少的矛盾，有明显的经济效益和社会效益，因此我国水稻种植普遍采用育苗移栽体系。水稻移栽主要包括育秧和插秧两个工序。

（一）插秧机

插秧是我国水稻生产的传统技术，有多年的实践经验。用机械代替人力插秧，可以使插秧劳动强度大为降低，工效大幅度提高，因而很受农民的欢迎。

1. 对水稻插秧机的作业要求

（1）株行距符合当地要求，株距应可调节。

（2）每穴有一定的株数，并能在一定范围内调节。

（3）插秧深度要适当、一致，并能在一定范围内调节。

（4）秧苗要插直、插稳，均匀一致，漏秧、漂秧率低于2%，勾秧、伤秧率低于15%。

（5）工效高，适应性、通用性、可靠性好。

2. 水稻插秧机的类型

（1）按用途分，有大苗插秧机、小苗插秧机和大小苗两用插秧机。

（2）按取秧器分，有钳夹式和梳齿式。

（3）按分插原理分，有横分直插式和纵分直插式。其中，纵分直插式又分为：往复直插式、滚动直插式。

直插是指插秧过程中秧爪运动轨迹与地面垂直插下，基本上没有水平位移，然后略微向后上方脱秧提升出土，回到原取秧位置。

往复是指取秧器的运动方式是往复运动形式。

滚动是指取秧器的运动方式是滚动（回转）形式。

横分是指分取秧苗的运动轨迹，垂直于秧苗茎秆的轴线方向。

纵分是指分取秧苗的运动轨迹，平行于秧苗茎秆的轴线方向。

（二）抛秧机

抛秧技术是我国近年水稻生产的一项重大改革，抛秧机与插秧机相比，机具简单、作业效率高、作业质量高，是目前较为理想的水稻栽植机械。

抛秧机按结构分，有离心式和扬场式两类。其中，离心式应用较多。

四、种植机械安全使用要点

绝大多数种植机械都要与拖拉机采用悬挂（或牵引）连接，才能进行作业。安全使用播种机，要注意以下事项。

（一）在机械作业前应将田地里的较大石块、铁丝等坚硬物清理出去，以免损坏机具刃口。

（二）在作业前检查播种机的各零件是否完好、安装与连接是否正确。运动部件的润滑要严格按照使用说明书的要求逐一添加润滑油或润滑脂。

（三）播种机与拖拉机的挂接要牢靠，升起和降落顺利。与拖拉机采用牵引式或悬挂式连接时，要保证连接点位置准确、牢固可靠。

（四）调整播种机的播种深度与播种行距，使其符合要求。并要确定好划印器的伸出长度位置,以确保相邻行程的衔接行距一致。

(五)作业中,播种机出现故障,要停机检查排除。在液压提升起的播种机下面检查时,应将播种机用机械方法可靠垫支,以防液压系统泄漏导致农具下降,将人压、砸。

(六)由拖拉机动力输出轴驱动的农具,应将动力切断后,再进行故障排除。

第五章　播种机的结构与工作

一、谷物条播机的结构与工作

(一)一般结构与工作

播种机一般由工作部件和辅助部件两大部分组成,图 5-1 为谷物条播机的结构示意图,与拖拉机挂接后能完成播种作业。该机主要用于条播麦类、高粱、谷子、玉米等谷物,在播种的同时能施颗粒或干粉状化肥。它由机架、种肥箱、排种器、排肥器、输种(肥)管、开沟器、覆土器、行走轮、传动装置、牵引或悬挂装置、起落机构和深浅调节机构等组成。

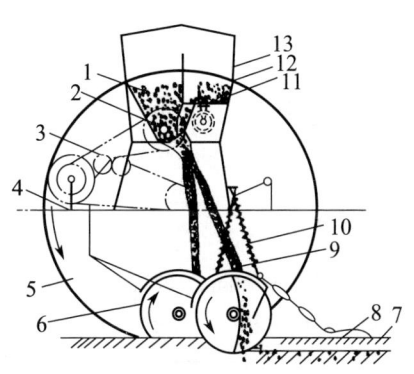

图 5-1　悬挂式播种机结构示意图

1. 种子;2. 排种器;3. 传动机构;4. 机架;5. 地轮;6. 开沟器;7. 播下的种子;
8. 覆土器;9. 输种(肥)管;10. 提升拉杆;11. 排肥器;12. 肥料;13. 种肥箱

工作时,播种机随拖拉机行进,开沟器开出种沟,地轮通过传动装置,带动排种装置和排肥装置工作,将种、肥排出,经输种(肥)管落入种沟,随后由覆土器覆土盖种。这种播种机的肥料和种子是施在一起的,若分开施,则需要种子开沟器、肥料开沟器、输种管、输肥管各一套。

悬挂式播种机的升降由拖拉机液压机构控制。牵引式条播机都装有开沟器起落机构和传动离合器(如内闸轮式升降器),用以操纵开沟器的升降和动力离合:运输时开沟器升起,离合器分离,停止排种和排肥;工作时开沟器降落,离合器结合,排种器和排肥器进行工作。

谷物条播机常用行走轮驱动排种器,这样可使排种器排出的种子量与行走轮所走的距离保持一定的比例,以保证单位面积上的播种量均匀一致。

谷物条播机的行走轮直径较大,这是由于谷物条播的行距较窄,在一台播种机进行多行播种时,排种器常采用通轴传动,需要较大的传动力矩;同时,直径较大的轮子可以减少转动时的滑移现象,使排种均匀性好,以保证种子在行内分布均匀一致。

(二)主要部件的结构与工作

播种机的主要部件包括种子箱、排种器、排肥器、输种(肥)管、开沟器和覆土镇压器等。

1. 种子箱

种子箱装在机架上,位于排种器的上方,它的断面形状一般为梯形。为了能使种子顺利地流向排种器,确保种子不致残留在箱内,一般箱壁的倾角为60°~70°。

为了满足播种作业在地头一端加种的要求,种子箱要有足够的容积,但也不宜过大,否则将增加播种机的质量和阻力。在种子箱的底板上,开有与排种器数量相等的圆孔或方孔,孔的边缘制成斜面,以便种子顺利地流入排种器内。种子箱上配有箱盖,防止种子因播种机行走时颠动而跃出。

2. 排种器

排种装置俗称排种器,是播种机的核心部件,是决定播种机质量的主要因素。为此,要求排种器排种均匀,播量稳定,通用性好,种子损伤率低,结构简单,工作可靠,调整方便。

排种器按照排种原理,主要可分为机械式和气力式两大类,小麦播种机上常用的排种器多为机械式,下面介绍几种形式的机械式排种器。

(1)外槽轮式排种器。

①构造及工作原理:外槽轮式排种器主要用于谷物的条播,其结构如图5-2所示,主要由排种盒、外槽轮、阻塞套、排种轴和排种舌等组成。槽轮通过轴销与排种轴相连并穿入排种盒,槽轮的一端与阻塞套套接,另一端伸入内齿形挡圈。阻塞套的突齿嵌入排种盒侧壁的缺口,使阻塞套只能在排种轴上移动而不能转动,内齿形挡圈则可与槽轮一起移动,起防止种子外漏的作用。排种器两端的卡箍夹紧在排种轴上,用以保证槽轮在排种轴上的正确位置。

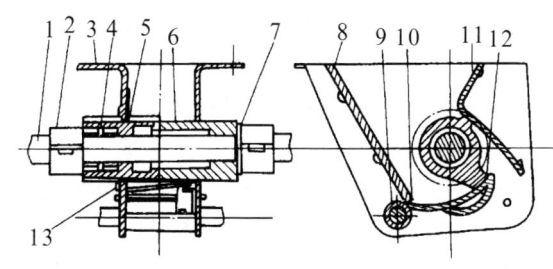

图 5-2 外槽轮式排种器

1. 排种轴;2. 卡箍;3. 排种盒;4. 轴销;5. 排种轮(外槽轮);6. 阻塞套;7. 垫圈;
8. 前挡板;9. 排种舌轴;10. 排种舌;11. 后挡板;12. 开口销;13. 花形挡圈

外槽轮式排种器(图5-3)。工作时,种箱内的种子在重力的作用下,经箱底孔眼不断充满排种盒和槽轮的凹槽。槽轮转动时,槽内的种子被强制排出,此层种子称为迫动层,槽轮外缘的一层种子,受槽轮齿尖的拨动和种子间摩擦力的作用而被带动,以较低的速度排出,此层种子称为带动层。带动层内的种子,愈靠外其运动速度愈小,速度为零的外层种子称为静止层。外槽轮式排种器的排种量,等于迫动层和带动层两部分种子之和,但以迫动层为主,故排种量较稳定。

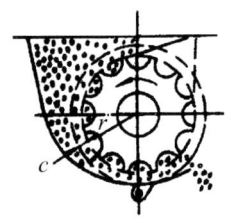

图 5-3　外槽轮式排种器的工作原理

r. 外槽轮半径；c. 带动层厚度

②性能特点：外槽轮式排种器结构简单，调整方便，通用性好。由于以强制排种为主，故排种量比较稳定，但排出的种子流有一定的脉动性，使得种子在行上的分布不均匀。

为了减轻外槽轮排种器排种的脉动性，有的播种机将排种舌出口边缘制成斜线，使槽轮同一凹槽排出的种子，先后陆续落入输种管。也有的播种机，采用斜槽式外槽轮（或称螺旋式外槽轮），使相邻凹槽的排种衔接不断，排种均匀性有所改善。

③主要调整有以下 3 个项目的调整：种子适应性调整外槽轮排种器有下排式和上排式两种形式，如图 5-4 所示。国产谷物条播机大多采用下排式。

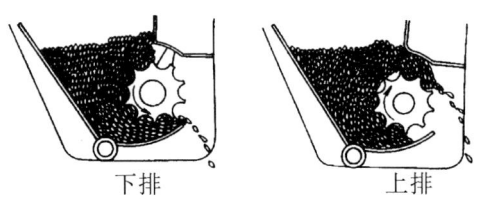

下排　　　　　　　上排

图 5-4　外槽轮排种器的排种方式

下排式排种器，种子只能从槽轮的下方排出，为了适应大小不同的种子，排种盒侧壁上有 3 个凹槽，可将排种舌固定在 3 个不同高度的位置，以调整排种间隙，如图 5-5 所示。最上面的位置排种间隙最小，用来播谷子、菜籽等小粒种子；中间位置用来播小麦、高梁等中粒种子;最下面的位置排种间隙最大,用来播玉米、大豆等大粒种子。

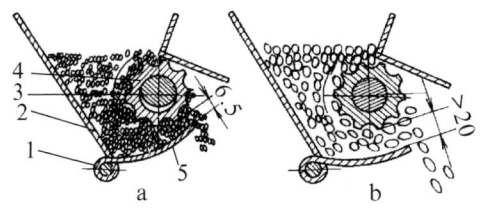

图5-5　下排式外槽轮排种器的排种舌调整

a. 播小粒种子;b. 播大粒种子

1. 排种舌轴;2. 排种盒;3. 排种轴;4. 槽轮;5. 排种舌

排种量的调整:外槽轮排种器的排种量主要取决于槽轮的有效工作长度和转速。槽轮的工作长度可通过调节手柄,横向移动排种轴来调整。右移排种轴,外槽轮伸入排种盒部分的工作长度增加,排种量增大;左移排种轴,工作长度减小,排种量减少。转速的调整可通过改变传动装置的速比进行。

各排种器排量一致性的调整:一台播种机上各排种器排量不一致时,可对单个排种器的工作长度进行调整:松开排种器两侧的卡箍,即可移动槽轮和阻塞套,调到所需位置再将卡箍紧固。

(2)纹盘式排种器。这种排种器是一个带有弧形纹的圆盘,故称纹盘。它水平安装在每个种子圆筒的底部,在水平面内回转,如图5-6所示。

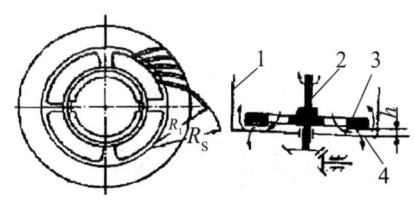

图5-6　纹盘式排种器

1. 种子筒;2. 传动轴;3. 纹盘;4. 排种口

种子桶底部装有水平回转的排种圆盘,圆盘下面加工有弧形条纹,纹盘面与底座间有间隙 h。底座均布有排种孔。种子进入间隙 h 后,由于纹盘回转,纹盘上弧形条纹便带动种子从排种孔排出,落入种沟的土内。多余的种子从纹盘周缘的缝隙上升回流,再从圆盘上的通道进入纹盘间隙。种子桶底的排种孔数就是播种行数。一个纹盘可播几行谷物,当作条播机用。

改变排种孔的大小和纹盘转速,可以调节播量;纹盘间隙对应于不同粒型的光滑种子,可播小麦等谷物。

3. 排肥器

排肥装置俗称排肥器。目前,播种机上一般都带有排肥器,以便在播种的同时施用肥料。常用的排肥器有以下形式。

(1) 外槽轮式排肥器。与上述外槽轮式排种器结构相同,适用于排施松散性好的颗粒肥。

(2) 搅龙式排肥器。搅龙式排肥器的搅龙有螺旋叶片式和弹簧式两种。螺旋叶片搅龙式排肥器结构如图 5-7 所示。双向搅龙由两个焊在同一轴上的左右螺旋叶片组成,肥料箱下部为圆锥形。工作时,由链轮带动双向搅龙转动,双向螺旋叶片将肥料推向搅龙中间集中,经排肥口进入输肥管,排出肥料。改变活门的开度大小可调节排肥量。这种排肥器只适于排施农家细肥、晶体或干粉状化肥,不适于排潮湿性肥料,因潮湿性肥料易产生架空或黏附在搅

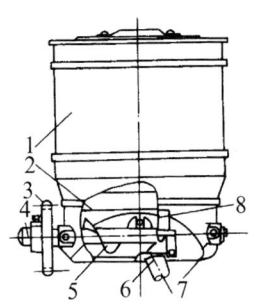

图 5-7 螺旋叶片搅龙式排肥器示意图

1. 肥箱;2. 盖板;3. 链轮;4. 排肥轴;5. 搅龙;6. 输肥管;7. 肥箱底;8. 活门

龙上,使搅龙失去排肥能力。

(3)弹簧搅龙式排肥器。弹簧搅龙式排肥器的排肥过程如图5-8所示。螺旋弹簧的直径相当大,几乎作用到肥料箱整个空间,工作时搅龙转动,左右螺旋弹簧将肥料向搅龙中间集中,然后从排肥口排出。这种排肥器排施潮湿肥料的能力较强,能消除肥料架空现象。但在小排量或肥料满箱时,阻力相当大,对晶体化肥的粉碎作用也增大。

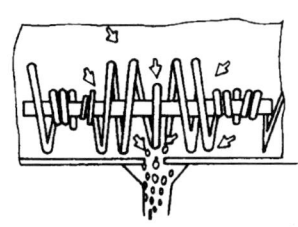

图 5-8 弹簧搅龙式排肥器示意图

(4)振动式排肥器。振动式排肥器如图5-9所示。工作时,振动凸轮转动,使振动板产生振动,位于板上的肥料也随之振动,在重力作用下,肥料沿振动板下滑,然后从排肥口排出,排肥量的调节是靠改变振幅和开口大小来实现的。

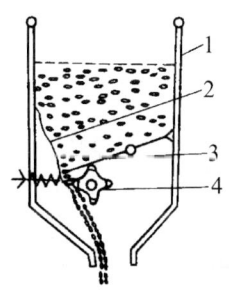

图 5-9 振动式排肥器示意图
1. 肥箱;2. 调节板;3. 振动板;4. 振动凸轮

振动式排肥器可消除肥料在箱内架空现象,但由于靠重力作用自流排肥,因此,受到箱内肥料密度、黏结力及内摩擦力的影响,使其排肥的均匀性和稳定性较差。

4. 输种管和排肥管

输种管和排肥管的作用是将排种器和排肥器排出的种子、肥料引到开沟器所开的沟内,其上端与排种、排肥器连接,下端插入开沟器中。由于开沟器在工作中需经常升起和降落,因此要求输种(肥)管能自由弯曲和伸缩,下部能前后摆动,并有足够大的截面积,以保证种(肥)畅通无阻。

常用的输种(肥)管有漏斗管、卷片管、波纹管和直胶管4种,如图5-10所示。

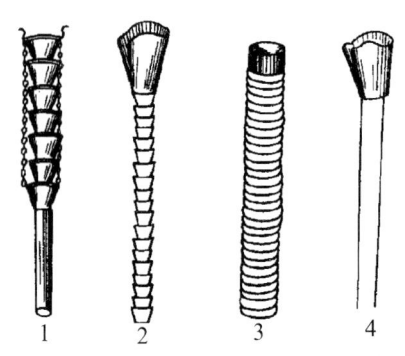

图5-10 输种管和排肥管
1. 漏斗管;2. 卷片管;3. 波纹管;4. 直胶管

漏斗管是由一些金属漏斗用链条连接而成,结构复杂,但伸缩性能好,工作时各漏斗间可相对摆动,不易堵塞,主要用作输肥管。

卷片管用弹簧钢带卷辗而成,结构简单,质量轻,弯曲和伸缩性能好,但造价较高,过度拉伸后难以恢复,会形成局部的漏缝。

直胶管结构简单,多用橡胶制作,成本较低,内壁光滑,但伸缩性较差,弯曲时容易折扁。

波纹管是在两层橡胶或两层塑料之间夹有螺旋性弹簧钢丝,其伸缩性和弯曲性都较好,排种可靠,但造价高。

在有些播种机上,由于排种器位置低,直接装在开沟器的上方,故没有单独的输种管。

5. 开沟器

开沟器的作用是完成开沟、导种和覆土3个任务。对开沟器的主要要求是:开沟的深度和宽度应符合农业技术要求,并具有一定的覆土作用,以利种子发芽;土层翻转少,保证种子落在沟底湿土上;开沟深浅应能调节,并能随地面仿形,确保开沟深度稳定;入土性能好,工作可靠,不易被杂草湿土堵塞。

开沟器按其运动形式可分为滚动式和移动式两类。滚动式常用的有双圆盘式和单圆盘式两种;移动式常用的有锄铲式、芯铧式和滑刀式等。

(1) 单圆盘式开沟器。单圆盘式开沟器的构造如图5-11所示,它主要由单圆盘、刮土板等组成。

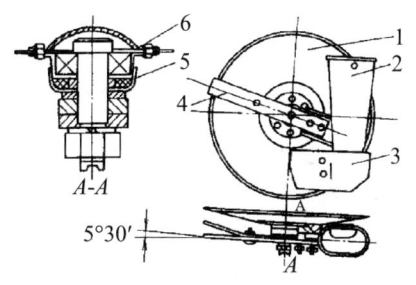

图 5-11 单圆盘式开沟器
1. 单圆盘;2. 输种管;3. 刮土板;4. 拉杆;5. 防尘圈;6. 轴承

单圆盘为一凹面圆盘,凹面偏向前进方向,与前进方向成3°~8°偏角,输种管紧靠圆盘凸面。工作时,由于单圆盘斜着向前滚动,一面以锐边切开土壤,一面又使土壤沿凹面上升,并被抛向一侧,其中一部分土壤沿圆盘下滑落入种沟覆盖种子。

单圆盘式开沟器质量轻,结构简单,开沟阻力小,入土和切土能力强,不壅土挂草,适应性好。但沟底不平,且单圆盘有翻土作用,使干湿土相混,有干土覆盖种子现象,不利于种子发芽,只适于在水浇地和墒情较好的条件下使用。

（2）双圆盘式开沟器。双圆盘式开沟器的构造如图5-12所示。它主要由一对圆盘、开沟器体、圆盘轴和导种板等组成。

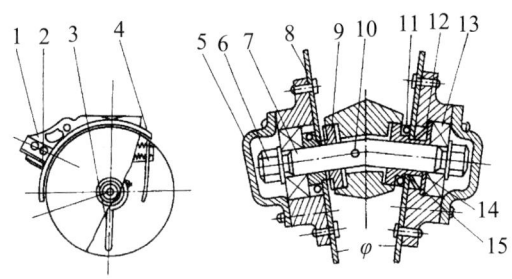

图5-12 双圆盘式开沟器

1. 开沟器体；2. 圆盘护板；3. 分土板；4. 导种板；5. 圆盘盖；6. 螺母；
7. 圆盘轴；8. 圆盘；9. 轴承内挡；10. 圆柱销；11. 防尘圈；12. 密封圈；
13. 轴承；14. 防尘圈座；15. 轴承垫圈

双圆盘式开沟器的开沟工作是由两个倾斜圆盘完成的，两个圆盘互相以一定夹角 φ 于前下方相交，交点称为聚点。工作时，圆盘受土壤阻力作用，滚动前进，切开土壤，并将土壤推向两侧，形成种沟，圆盘过去后两侧湿土流入沟底，覆盖种子。圆盘直径一般为350毫米，过小易产生转动不灵和壅土现象。两圆盘夹角 φ 的大小将影响开沟的宽度，过大时沟底将形成"W"形凸尖，夹角 φ 常取 $9\sim14°$。聚点位置过高或过低影响开沟质量，一般以等于开沟器的最大开沟深度为宜。

双圆盘式开沟器结构复杂，质量大，入土性能差，造价高。但由于开沟阻力小，不挂草，不易堵塞，对整地质量要求不高，适应性较强，且利于高速作业，因此，机引播种机上多采用它。

（3）锄铲式开沟器。锄铲式开沟器的构造如图5-13所示。它主要由拉杆、开沟器体、开沟铲和反射板等组成。

开沟器工作时，开沟铲以锐角入土，先将土壤向前推壅，在开沟铲前形成土丘，而后铲壁将土丘向两侧推挤，分开成沟。种子沿

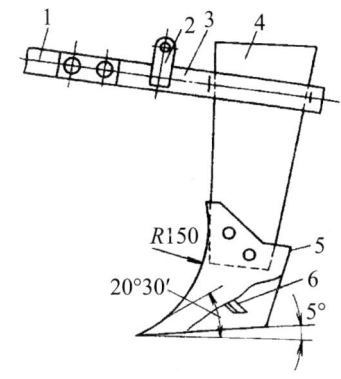

图 5-13 锄铲式开沟器
1. 拉杆;2. 压杆座;3. 夹板;4. 开沟器体;5. 开沟铲;6. 反射板

中空的开沟器体落下,由反射板导种向两侧分散,可使苗幅宽度达 5~6 厘米。铲翼侧板的后边线为斜边,以保证湿土先落入种沟覆盖种子。

锄铲式开沟器结构简单,入土性能强,开沟阻力小,苗幅较宽。但工作中容易挂草粘土,开沟深度不够稳定,对整地要求较高,不宜高速作业。

(4)芯铧式开沟器。芯铧式开沟器是在东北垄作地区机引播种机上广泛采用的一种开沟器,如图 5-14 所示。工作时,芯铧前部刃口水平切开土壤,土壤沿铧面上升,然后沿侧板两侧分开而形成沟,种子在两侧板之间落入沟内,侧板过后,土壤塌落回沟内盖种。开沟器侧板的长度和形状用来控制回土的早晚。侧板上部内倾,为的是增加覆土量和保持垄形。侧板末端的下方切去一角,是为了使湿土先覆盖种子。

图 5-14 芯铧式开沟器

芯铧式开沟器具有入土性能好,开沟较宽,沟底平整,能把表层干土和土块推向两侧,使种子播在湿土上,适于垄作播种。其缺点是阻力大,覆土比较困难。

(5)滑刀式开沟器。滑刀式开沟器的构造如图5-15所示。它主要由滑刀、侧板、限深板、限深调节螺丝等组成,有的还装有推开干土和土块的推土板。

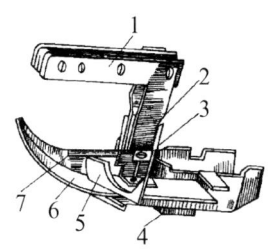

图5-15 滑刀式开沟器
1.拉杆;2.调节齿板;3.调节螺丝;4.底托;5.推土板;6.限深板;7.滑刀

滑刀式开沟器开沟部分为一滑刀。滑刀前端为刀刃,后部为两块侧板,形成较大的开挡。工作时,滑刀以钝角入土,切开土壤,刀后的侧板向两侧挤压土壤,形成种沟,种子从两侧板之间落入沟底。侧板的后下方切去一角成斜边,以使湿土先落在沟底种子上。这种开沟器是靠本身质量入土,有的装有可调节的限深滑板,通过改变限深滑板位置可调节开沟深度。有的在滑刀下部装有底托,用以压密沟底,使播深一致。

滑刀式开沟器开沟质量好,沟形整洁,不乱土层,适于在整地良好和土壤松软的田间工作。但开沟较窄,沟底较硬,自动覆土作用差,因此后面还需装有覆土和镇压部件。这种开沟器一般常用于中耕作物播种机和棉花播种机上。

6.覆土、镇压装置

覆土、镇压装置的功用是对播种后的种沟进行覆土,平整地面,压密土壤以保持土壤水分,利于种子发芽生长。

(1)覆土器。在条播机上常用链环式、拖板式和钉齿式覆土器。

链环式覆土器由连在一起的链条和铁环组成,铁环有小拖环和大拖环两种,如图5-16所示。

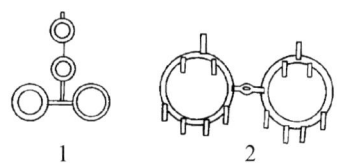

图5-16 链环式覆土器

1. 小拖环;2. 大拖环

拖板式覆土器也叫"一字式"覆土器,一般用一根角铁制成,用拉杆挂在播种机后,并用弹簧加压,如图5-17所示。

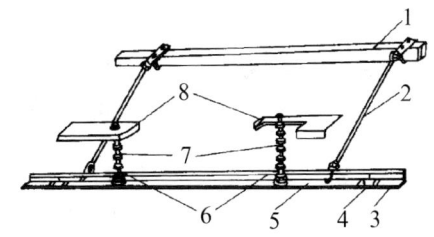

图5-17 拖板式(一字式)覆土器

1. 主梁;2. 拉杆;3. 右接长板;4. 连接板;5. 拖板;6. 压杆;7. 弹簧;8. 踏板

钉齿式覆土器类似单列钉齿耙,但耙深较浅。

中耕作物播种机上常用刮板式覆土器,如图5-18所示。覆土板分左、右两块,呈倒"八"字形配置,其开度和倾角可调,在整地质量较差的情况下,为不使覆土器跳动,还可装上配重。

(2)镇压轮。镇压轮用钢或橡胶制成,有整体式、剖分式和双轮式之分,轮辋形状有平面、凸面和凹面3种类型,如图5-19所示。

平面镇压轮结构简单,应用较广。凸面镇压轮对种子上方土壤的压密作用强,使种子与土壤密接,防止透风,利于保墒,适用于干旱多风地区。凹面镇压轮从种行两侧压密土壤,而使种行上方的土层较松,以利于种子出苗,适用于土壤含水率较高地区和播种

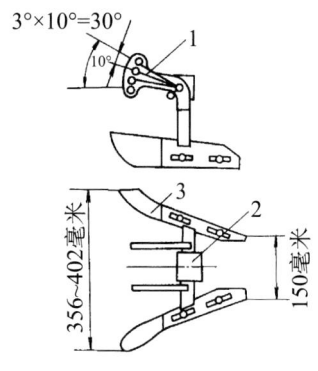

图 5-18 刮板式覆土器
1. 调节板;2. 配重;3. 左、右覆土板

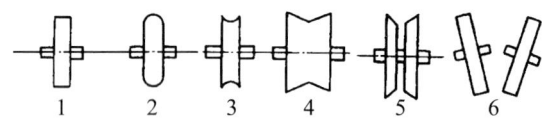

图 5-19 镇压轮的种类
1. 平面整体式;2. 凸面整体式;3、4. 凹面整体式;5. 凹面剖分式;6. 双轮式

幼苗不易出土的棉花、花生等作物。凹面剖分式和双轮式镇压轮不仅具有凹面轮的特点,而且工作中不易粘土。

镇压轮的压强一般要求相当于人脚对地面的压强,平播为 196~392 千帕,垄播为 196~496 千帕。

中耕作物播种机上,常将覆土器和镇压轮连成一体,成为覆土镇压器。

二、小麦免耕播种机的结构与工作

免耕播种是近年来发展的保护性耕作中一项农业栽培新技术,它是在未经耕翻的有秸秆覆盖和前茬作物根茬的土壤上直接进行播种作业,与之配套的播种机称为免耕播种机。

免耕播种机除了要具有一般播种机的开沟、下种、下肥、覆土、镇压等功能外,还要求开沟器能够切断秸秆和根茬,可以对种子、肥料分层施入,有清草排堵能力,以满足在免耕条件下的播种要求。

(一)2BMF 系列免耕播种机

该系列播种机有可以播 6 行、7 行、9 行、11 行类型的播种机,可以满足一年一熟小麦种植区保护性耕作技术的播种要求。

2BMF-9 型小麦免耕施肥播种机

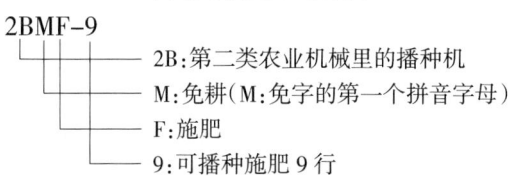

2BMF-9
- 2B:第二类农业机械里的播种机
- M:免耕(M:免字的第一个拼音字母)
- F:施肥
- 9:可播种施肥9行

如图 5-20 所示,该机采用前后两排开沟器梁,将 9 个开沟器分为两排,分别安装在两排梁上。这样可以加大相邻开沟器之间的距离,防止开沟器因为间距过小而引起的秸秆堵塞现象。

a 远景图

b 近景图

图 5-20 2BMF-9 型小麦免耕施肥播种机

该机将肥料施在种子正下方,使肥料与种子之间间隔有5厘米以上的土层,避免了因肥料施量大而烧种子的现象。

采用了小尖角箭铲开沟器,既有良好的入土性能又有良好的回土性能,使得开沟阻力小,保证湿土先覆盖种子。开沟器安装在平行四连杆仿形机构上,能在地表不平的情况下保证开沟深度一致。

采用了浮动式橡胶地轮,改善了传动地轮与地面之间的附着性能,不易打滑,提高了播种的可靠性和均匀性。

该机的主要技术规格如表5-1所示。

表5-1 2BMF-9型小麦免耕施肥播种机主要技术规格

外形尺寸(长×宽×高)(毫米)	2 130×2 260×1 750
结构质量(千克)	984(由于采用每个开沟器都有仿形机构的单体仿形结构,故整机质量大)
配套动力(千瓦)	40~48
工作行数(行)	9
行距(毫米)	200
工作幅宽(毫米)	1 800
排种器形式	外槽轮
排肥器形式	外槽轮
开沟器形式	箭铲式
种子箱容积(升)	102
肥料箱容积(升)	126
镇压器形式	自动充气式橡胶轮
地轮	橡胶轮

(二)2BMFS系列免耕播种机

该系列机具是为适应一年两熟地区玉米收获后直接播种小麦的要求而开发的,有2BMFS-6/12和2BMFS-5/10等规格的播种机。

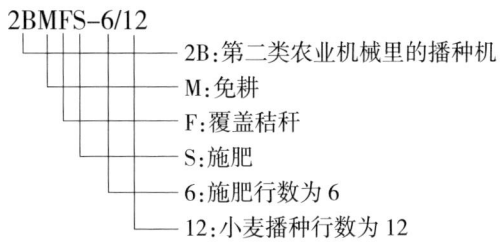

该机采用宽窄行播种,在两个窄行小麦播种开沟器前面加装了旋耕刀具,实行条带旋耕,可以将开沟器前的秸秆旋耕粉碎并与土壤混合,因而可在有大量玉米秸秆覆盖地上直接播种小麦。

该机的配套动力为铁牛-65拖拉机,排种和排肥都由镇压轮驱动,旋耕刀具抛土覆土。

2BMFS-6/12播种机的主要技术规格如表5-2所示。

表5-2 2BMFS-6/12播种机的主要技术规格

外形尺寸(长×宽×高)(毫米)	1 530×2 140×1 240
结构质量(千克)	700
配套动力(千瓦)	48~52
工作行数(行)	小麦12
行距(毫米)	宽行260,窄行120
工作幅宽(毫米)	2 280
排种器形式	16槽外槽轮
排肥器形式	6槽大外槽轮
播种量(千克/公顷)	0~450
施肥量(千克/公顷)	0~1 050
排堵机构形式	6组,48把刀,带状旋耕排堵
播种深度(毫米)	20~40
施肥深度(毫米)	80~120
种子箱容积(升)	140
肥料箱容积(升)	140
镇压器形式	轮式镇压器
地轮	铁轮
作业效率(公顷/小时)	0.33~0.53

该机的播种开沟器分前后两排,与施肥开沟器排成一列,置于旋耕刀具之间,肥料施于种子下方 40～50 毫米处。图 5-21 为 2BMFS-6/12 播种机的外观图,图 5-22 为 2BMFS-6/12 播种机的结构示意图。

图 5-21　2BMFS-6/12 型播种机

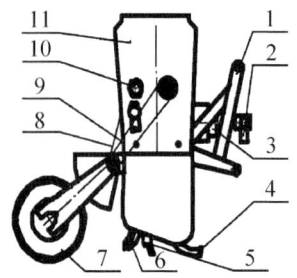

图 5-22　2BMFS-6/12 播种机的结构示意图

1. 悬挂装置;2. 万向节;3. 齿轮箱总成;4. 刀轴总成;5. 施肥开沟器;6. 播种开沟器;
7. 镇压器;8. 排肥链传动;9. 排种链传动;10. 播量调节手轮;11. 种肥箱总成

2BMFS-6/12 免耕覆盖施肥播种机主要由悬挂装置、万向节、齿轮箱总成、刀轴总成、排种链传动、排肥链传动、种肥箱总成、播量调节装置、种肥开沟器和镇压器等部件组成(图 5-22)。

刀轴总成主要由旋转刀具和左、右刀轴组成。旋转刀具每组有两把左弯刀、两把右弯刀、4 把直刀组成。

作业时,拖拉机的后动力输出轴通过变速箱带动刀轴上的 3 种不同形式的刀具旋转,粉碎、破茬,将秸秆和根茬分布于播种沟两侧,减少了播种层内秸秆的含量,保证开沟器顺利开沟播种,随后进行镇压。机具进地一次,可以完成碎秆、灭茬、开沟、施肥、播种、镇压等项作业,可以直接在直立玉米秸秆或玉米秸秆粉碎还田地中播种小麦,也可直接在高茬地中播种玉米。

(三)2BMDF-12型小麦条带粉碎免耕播种机

该机是由中国农业大学与北京市大兴区农业机械研究所共同研制开发的一种机型,可适应一年两熟地区在玉米秸秆覆盖条件下实施小麦免耕播种,能在玉米秸秆覆盖量不大于4千克/平方米的地块正常作业。

2BMDF-12型小麦条带粉碎免耕播种机采用条带粉碎、动力驱动防堵;利用靴脚式开沟器开沟松土并深施化肥,同时形成上松下实种床;利用双圆盘单体仿形开沟器2次开沟播种,既防止秸秆堵塞,又能保证播种深度均匀一致;橡胶轮覆土镇压保持种沟的墒情;作业时不翻耕土壤,动土量小(只有20%);机具采用悬挂结构,转弯半径小;播种时开沟器将秸秆推向行间,种沟内只有少量秸秆,保证种子出苗需要的地温,同时保证地表秸秆覆盖率。该机与47.8~58.8千瓦四轮拖拉机配套,在秸秆粉碎地中播种小麦,一次进地完成施肥、播种、镇压等项作业,无需旋耕、灭茬、深耕等工序,减少了拖拉机的进地次数,降低了作业成本,减轻了农民的劳动强度。

1. 结构

该机结构如图5-23所示。

该播种机主要由壳体、万向节、地轮部件、齿轮箱总成、粉碎轴总成、链传动、种肥箱总成、施肥开沟器、播种单体等部件组成。

地轮部件:由地轮、地轮支架、地轮轴组成。

万向节:主要由花键节叉、方轴节叉、方轴套管节叉、十字轴组成。十字轴上有注油嘴,应注满黄油。

齿轮箱:主要由箱体、主动锥齿轮、箱盖、从动锥齿轮、从动轴和轴承等组成。箱底设有放油孔,作业前应加足齿轮油,加到超过锥齿轮最下边4厘米处。

a 外观图

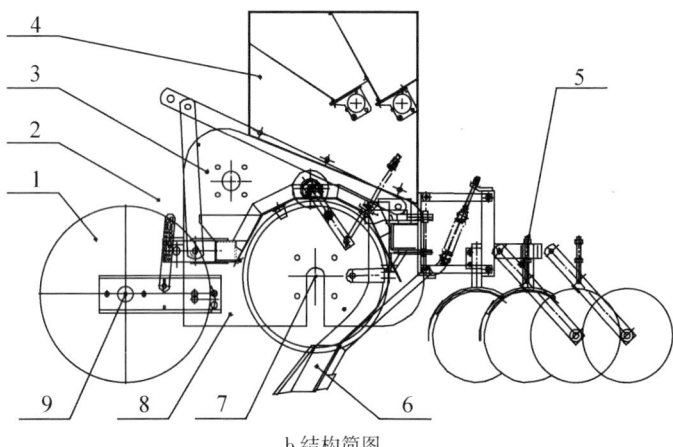

b 结构简图

1. 地轮部件;2. 万向节;3. 齿轮箱;4. 种肥箱总成;5. 播种单体;
6. 施肥开沟器;7. 粉碎轴总成;8. 壳体;9. 链传动

图 5-23 2BMDF-12 型小麦免耕播种机结构

种肥箱总成:主要由种子箱、肥料箱、排种器、排种轴、排肥器、排肥轴和播量调节手轮组成。排种器、排肥器用半精量外槽轮式排种(肥)器。

播种单体:主要由牵引架、浮动座、弹簧、播种双圆盘、镇压轮组成。

施肥开沟器:由固结器、开沟器、施肥管组成。

粉碎轴总成：主要由旋转刀具、刀轴、轴承组成。

壳体：主要由侧板、壳板、横梁、悬挂装置组成。悬挂装置由上悬挂板、斜拉板和下悬挂板组成。

链传动：地轮带动主动链轮，经由链条传递到排肥轴、排种轴，带动排肥、排种器工作。

2. 工作过程

如图 5-24，工作时，动力驱动旋转刀具旋转，刀片只击落开沟器前进时挂在开沟铲柄上的秸秆和杂草，不要求对秸秆和杂草进行切碎，并清理开沟器前进时可能遇到的障碍；破茬尖角式开沟器开沟并深施肥，形成上松下实种床；单体仿形双圆盘开沟器在种床上进行二次开沟播种，实行种肥同沟垂直分施，保证播种深度均匀一致；充气橡胶轮进行覆土镇压，保持种沟的墒情。

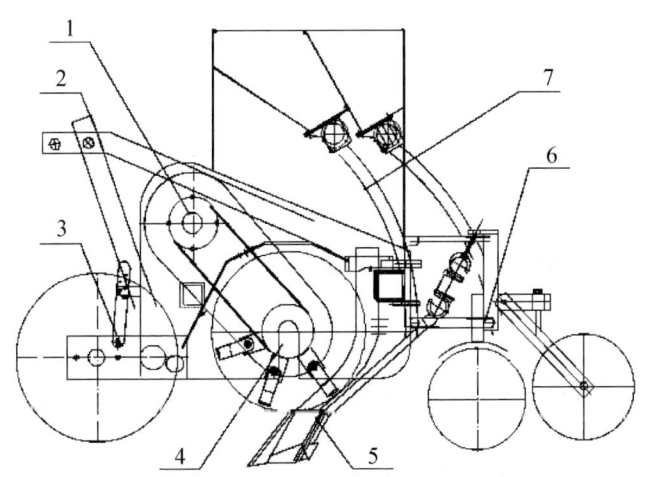

图 5-24 2BMDF-12 型小麦免耕播种机工作示意图

1. 动力传输系统；2. 悬挂；3. 仿形地轮；4. 粉碎刀轴总成；
5. 破茬尖角开沟器；6. 双圆盘播种镇压单体总成；7. 种肥箱

3. 防堵装置

2BMDF-12 型条带粉碎小麦免耕播种机的防堵机构原理见图

5-25,该图中破茬尖角开沟器3破茬开沟并施肥,动力驱动粉碎刀轴上的甩刀2打碎挂接在尖角开沟器铲柄上的玉米秸秆、杂草,破茬尖角开沟器3锋利的铲尖,能切开或者勾起部分玉米根茬,甩刀同时也能打碎被茬铲尖勾起的玉米根茬,解决了开沟器铲柄易堵塞的问题。双圆盘开沟器5在肥沟上两次开沟播种,需要的正压力小,解决了排种机构易壅堵的问题,同时播种机构采用单体仿形,能够有效控制播种深度,播深一致性好。

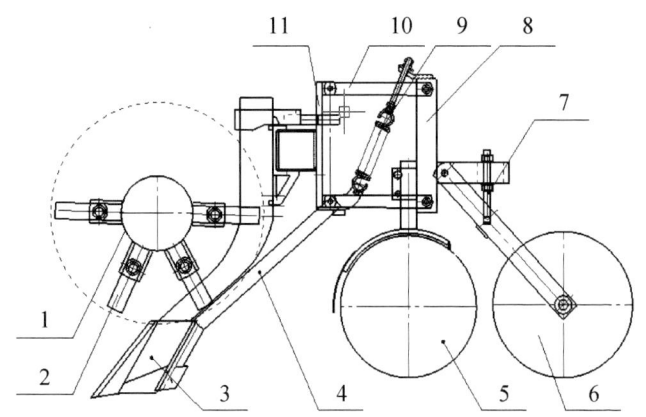

图5-25 2BMDF-12型小麦免耕播种机防堵装置示意图
1. 轴管;2. 甩刀;3. 破茬尖角开沟器;4. 肥管;5. 双圆盘开沟器;6. 镇压轮;
7. 调整螺栓;8. 平行四连杆架;9. 弹簧;10. 连杆;11. 后固接器

粉碎刀轴上的甩刀离地约有2~5厘米的间距,工作时刀片不入土,主要用于破碎玉米秸秆而不灭根茬,土壤扰动小,动力消耗小。粉碎后的秸秆抛送至开沟器侧后方,有利于提高播种质量,覆盖在种行的碎秸秆较少,同时,双圆盘播种开沟器能将秸秆、杂草推开,将种子直接播进土壤中,能够创造良好的种床,有利于种子发芽。

4. 技术规格

主要技术规格如表5-3所示。

表5-3 2BMDF-12型小麦条带粉碎免耕播种机主要技术规格

外形尺寸(长×宽×高)(毫米)	2 455×2 788×1 430
结构质量(千克)	1 250
播种幅宽(毫米)	2 400
播种行数(行)	12
播种行距(毫米)	200
开沟深度(毫米)	80~100
播种深度(毫米)	30~50
施肥深度(毫米)	种下30~50
刀轴转速(转/分钟)	低速500,高速1 200
作业速度(千米/小时)	4~7
排种器形式	外槽轮式
排肥器形式	外槽轮式
最大播种量(千克/公顷)	540
最大施肥量(千克/公顷)	480(颗粒化肥)
配套动力(千瓦)	≥48

(四)2BMG-18小麦免耕施肥播种机

该免耕播种机主要应用在干旱、半干旱地区,可以免耕播种大、小麦,油菜、苜蓿等。其结构如图5-26所示。可以在免耕地上直接进行播种,一次进地,可以完成切断秸秆或切开根茬、开沟、施肥、播种、压种、覆土、镇压等联合作业。

2BMG-18小麦免耕施肥播种机的主要技术规格如表5-4所示。

2BMG-18小麦免耕施肥播种机,由牵引架及机架、种肥箱、行走部分、传动部分,升降与离合机构,免耕施肥播种开沟器,压种部分,覆土镇压等部分组成,现将各部分主要结构特点介绍如下。

a 外观图

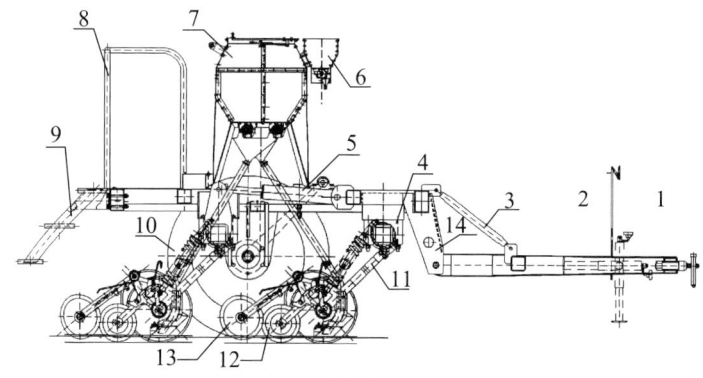

b 结构简图

图 5-26 2BMG-18 小麦免耕施肥播种机

1. 牵引架支撑;2. 牵引架;3. 调节上拉杆;4. 方轴支架;5. 升降油缸;
6. 牧草种子箱;7. 种肥箱;8. 护栏;9. 梯子;10. 地轮;11. 免耕施肥开沟器;
12. 压种轮;13. 覆土镇压轮;14. 机架牵引拉板

表 5-4 2BMG-18 小麦免耕施肥播种机的主要技术规格

外形尺寸(长×宽×高)(毫米)	4 650×4 785×2 032
整机质量(千克)	3 500
配套动力(千瓦)	55~73
工作行数(行)	18
行距(毫米)	200
工作幅宽(毫米)	3 600
排种器形式	密齿型外槽轮
排肥器形式	外槽轮

(续表)

开沟器形式	直面单圆盘
覆土器形式	金属挤压镇压轮
地轮	橡胶充气轮
播种深度(毫米)	10~70
输种肥管	橡胶管
排种量(千克/公顷)	135~375(苜蓿:6~60)
最大排肥量(千克/公顷)	390
作业速度(千米/小时)	6~9
生产率(公顷/小时)	1~1.2
种子箱容积(升)	小麦450,油菜、牧草90
肥料箱容积(升)	450

1. 牵引架与机架

牵引架与机架是用不同规格的方型和矩型钢管焊接成的封闭式框架结构,如图5-27所示。

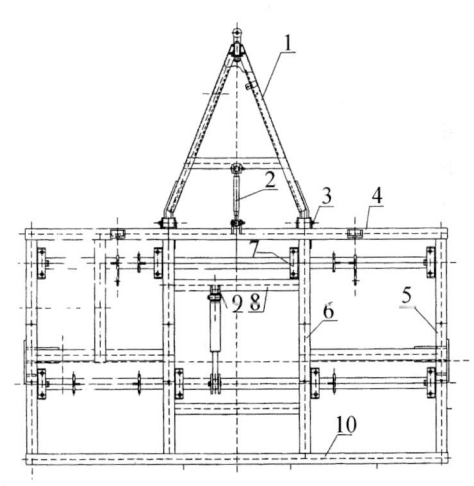

图 5-27 牵引架与机架

1. 牵引架;2. 调节上拉杆;3. 销轴;4. 长方形机架;5. 机架侧梁;6. 机架中梁;
7. 方轴支座;8. 油缸支座梁;9. 油缸底座支板;10. 机架后横梁

2. 小麦种子箱、肥料箱和苜蓿种子箱

该机有小麦种子箱、肥料箱和苜蓿种子箱,如图 5-28 所示。

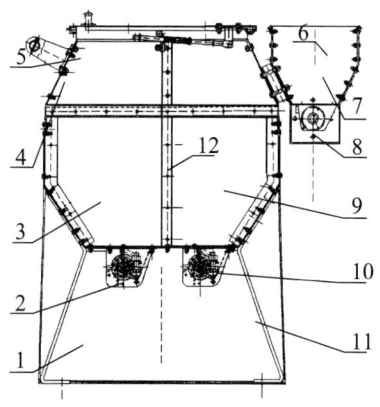

图 5-28 种子箱、化肥箱和苜蓿箱

1. 箱左右侧板;2. 排种器;3. 小麦种子箱;4. 扶手;5. 种肥箱盖;
6. 苜蓿种箱盖;7. 苜蓿种子箱;8. 苜蓿种子排种器;9. 肥料箱;
10. 排肥器;11. 种肥箱支架;12. 中间隔板

小麦种子、化肥、苜蓿三箱组成一体,但中间有隔板分开。苜蓿种子箱 7 通过螺栓固定在种箱前上板上。小麦种、肥料箱由箱左右侧板 1 和种肥箱支架 11,通过螺栓固定在矩形机架上。肥料箱 9 在前面,箱底板上装有排肥器 10。小麦种子箱 3 在后面,排种器 2 固定在种箱底板上。小麦种子箱和肥料箱中间用隔板 12 分开。苜蓿种子排种器 8 下面漏斗和输种管与大箱漏斗相通,机具作业时所排出的种子和肥料通过橡胶输种管分别流入免耕开沟器导种管。

3. 开沟装置

该机的开沟器如图 5-29 所示,采用直面圆盘开沟器可一次完成切割秸秆或切开根茬、开沟、播种、施肥、压种、覆土、镇压等多道作业工序。使大直径平面圆盘与限深轮相结合,可以调整控制播种深度,圆盘切断秸秆并入土开沟施肥播种,压种轮把种子压入湿土内,覆土轮对种子覆盖土壤并镇压。整机的重量能转移到开沟器圆盘上,提高了圆盘的切茬开沟能力。

a 外观图

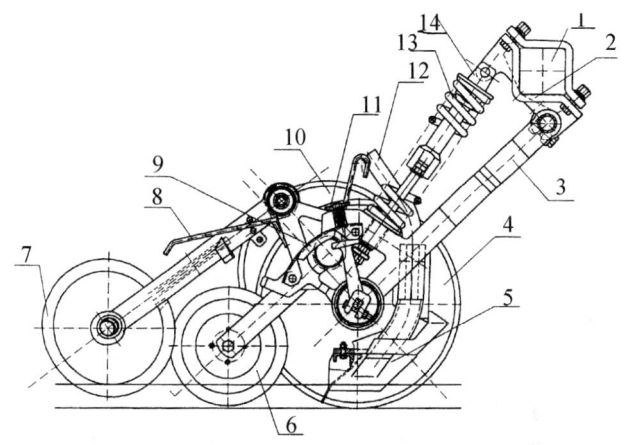

b 结构示意图

图 5－29　直面单圆盘开沟器

1. 免耕播种机方梁轴;2. 方梁接头;3. 拉杆;4. 播种圆盘;5. 护沟器;
6. 压种轮;7. 覆土镇压轮;8. 镇压轮扭簧;9. 播深调节板;10. 播种限深轮;
11. 限深轮调节手柄;12. 输种导管;13. 播种拉杆弹簧;14. 弹簧支架

播种圆盘:是一个直面圆盘,它与前进方向有一个夹角,直面圆盘的一侧贴着圆盘处有楔形护沟器,导种管插入护沟器内,种子通过导种管、护沟器落入沟内。另一侧贴圆盘处有控制圆盘深度的橡胶限深轮,通过整机重量和支臂上的弹簧下压使直面圆盘入土开沟。

播种限深轮:贴圆盘一侧安装有可以控制播种深度的橡胶限深轮,通过限深轮调节手柄,抬高或降低橡胶限深轮,从而改变播种深度。限深轮调节手柄向下,限深轮也向下,开沟圆盘入土就浅,开沟深度变浅;限深轮调节手柄向上,限深轮也向上,开沟圆盘入土就深,开沟深度变深。在播深调节板上有7个挡位,调整到合适的深度,调节手柄就固定在调节板的挡位上。橡胶轮最低时圆盘开沟为1.5厘米沟深,最深达到8厘米,调一个挡位改变0.7厘米的深度。

压种轮:对着楔形护沟器(图5-29中5)后面安装有铁芯橡胶压种轮,它的作用是把落入沟内的种子压入湿土内,使种子与湿土很好的结合。

覆土镇压轮:通过支臂安装在压种轮后面,是全金属的覆土镇压轮,它能够把沟边湿土推挤到种沟内覆盖种子并进行镇压。

4. 排种装置和排肥装置

(1)排种装置。在种子箱下面装有18个密齿外槽轮式排种器,在牧草种子箱下面装有小的密齿外槽轮式排种器。

小麦排种器如图5-30所示,采用密齿型外槽轮,使排种的均匀性得到改善,通过改变传动比或左右移动排种槽轮在排种盒内的工作长度就能改变排种量的大小。图5-30中,排种盒3为钢板冲压组合件。当排种轴1转动时,通过排种轴销4带动排种轮5转动使种子排出,阻塞套6不转动。播种量调节,通过种箱侧板播量调节手轮转动,改变排种轮5在排种盒3内的工作长度来实现。排种舌10有3种开度,每个位置的开度都可用开口销8插入相应的孔位来保证种子出口开度。清种时把开口销拔出,排种舌敞开,使剩余种子流出。

排种量调整的一般原则是先选传动比,再通过排种轮工作长度的调节使播种量达到要求。选用较小的传动比,采用较大的排种槽轮工作长度,可以使排种均匀和稳定。

要保证每个排种槽轮在排种盒内的工作长度一致,才能使各

a 外观图

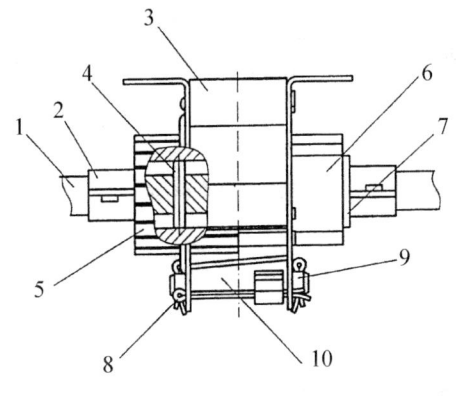

b 结构图

图 5-30 小麦排种器

1. 排种轴;2. 卡箍;3. 排种盒;4. 排种轴销;5. 排种轮;6. 阻塞套;
7. 垫圈;8. 开口销;9. 排种舌轴;10. 排种舌

行的排种量相等。检查方法是:松开排种调节手柄上的锁紧螺母,搬动调节手柄将各排种轮的工作长度调到零位,检查各个排种轮是否在"0"的位置上,当误差超过 1 毫米时要进行微调。微调的方法是:先松开排种槽轮两端的卡箍或挡套,将排种槽轮和阻塞套压紧同时移动到"0"的位置上,然后将卡箍或挡套靠住槽轮和阻塞套,再拧紧螺栓,以此类推,直到检查完所有的槽轮为止,最后拧紧排种调节手柄上的锁紧螺母。

苜蓿、油菜排种器如图 5-31 所示，播种这些小粒种子采用的排种槽轮直径要比小麦排种器的小。通过改变传动比或增减排种槽轮在排种盒内的工作长度，就可以调整排种量。

图 5-31 苜蓿、油菜等小粒种子排种器

（2）排肥装置。在肥料箱下面装有 18 个排肥器，采用大槽轮式排肥器（图 5-32）。

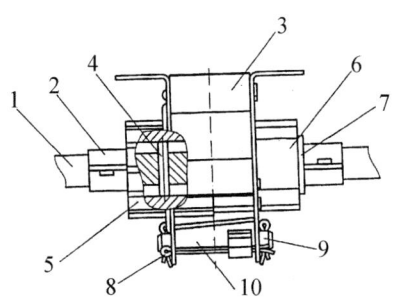

图 5-32 排肥器

1. 排肥轴；2. 卡箍；3. 排肥盒；4. 排肥轴销；5. 排肥轮；
6. 阻塞套；7. 垫圈；8. 开口销；9. 排肥舌轴；10. 排肥舌

图 5-32 中，排肥盒 3 为钢板冲压组合件。当排肥轴 1 转动时，通过排肥轴销 4 带动排肥轮 5 转动，使肥料排出，阻塞套 6 不转

动。排肥量的调节,是通过肥箱侧板播量调节手轮转动,改变排肥轮5在排肥盒3内的工作长度来实现。排肥舌10有3种开度,每个位置的开度都可用开口销8插入相应的孔位来保证肥料出口开度。清肥时把开口销拔出,排肥舌敞开,使剩余肥料流出。

(五)免耕播种机的主要工作部件

1. 尖角短翼型开沟器

保护性耕作技术要求尽量减少对土壤的扰动,防止破坏土壤结构和造成较大的失墒,免耕播种也要遵守这样的要求。

免耕地表面比翻耕整地后的地表坚实,且有大量的秸秆覆盖,开沟器入土困难,阻力大,因此,要求开沟器要有良好的破茬入土能力。

减少对土壤的扰动和增强破茬入土能力,并且在开沟时不乱土层、不混淆干湿土的开沟器,目前,在我国的免耕播种机上多选择开沟窄、入土好的尖角短翼型开沟器,如图5-33所示。

图5-33 尖角短翼型开沟器

尖角短翼型开沟器的开沟过程就像一个对称的平面楔楔入土层,当其向前推移时,即对铲面前上方的土层进行挤压,土层变形位移,土壤进行平行运动,上下干湿土层掺混较少,湿土仍在下面,可直接覆盖肥料或种子。

2. 可调式种肥分施开沟装置

为保证作物正常生长对养分的需要,在我国耕地肥力普遍不高的现状及人多地少、必须提高单位面积产量的要求下,我国粮食生产中一般施肥较多,且多以化肥为主。传统耕作中,可以把化肥分次施入,分底肥、种肥、追肥等,其中底肥量大,一般在翻耕前撒在地表,随翻耕埋入土中;少量的种肥随播种施入,由于量少,肥料对种子不烧蚀,种子和肥料可以同穴混施。但是保护性耕作取消了铧式犁翻地,在播种的同时,要求把底肥和种肥同时施入土壤,才能保证作物正常生长对养分的需求。

在施肥量大的情况下,为防止肥料烧坏种子,必须采用种、肥分开,即种子与肥料之间在土壤里要有足够的距离。种、肥分开的方法有两种:侧位分施和垂直分层施肥。侧位分施又有侧位水平分施和侧位深施两种,侧位水平分施指将化肥施于种子侧面且与种同深;侧位深施是指将化肥施于种子的侧下方。垂直分层施肥是将化肥施于种子的正下方,与种子同沟但深度不同。

从播种、施肥过程中对土壤的扰动程度看,侧施肥的方法必然要进行两次开沟使种、肥分别落在不同位置上,势必增加地表的破碎程度。而分层施肥方法,只需开沟一次,对地表的破坏程度较小,即土壤的扰动少,更符合保护性耕作的要求。

目前,中国农业大学设计开发了免耕播种机用可调式种肥垂直分施开沟装置(获得了国家专利),如图5-34所示。该装置由尖角型开沟器、导肥管、导种管、播深调节板、铲柄等组成。

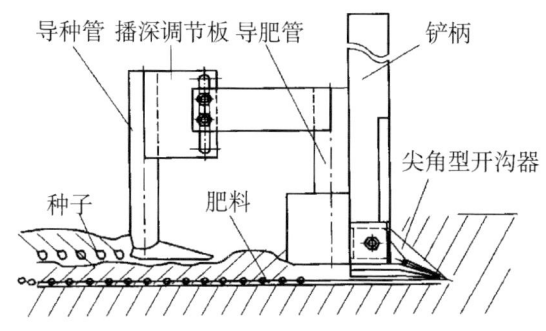

图5-34 可调式种肥分施开沟装置

可调式种肥分施开沟装置的特点是采用尖角型开沟器铲尖、

导肥管和导种管直接按前后"一"字排开配置,施肥和播种深度可调。使用中可根据种肥垂直分施间距的农艺要求,合理调节铲柄与固结器连接孔的开沟深度和连接导肥管与导种管的播深调节板的前后、上下相对位置,并可根据需要安装回土铲来确保免(少)耕覆盖施肥播种的质量要求。

可调式种肥垂直分施装置是用开沟器开沟过程中前后不同部位土壤回落的时差道理,前边深施肥,待部分土壤回落覆盖后再下种,然后进行最后的覆土。

化肥由排肥器经输肥管流到开沟器上的导肥管,然后落入沟中。影响肥料流动性的因素有:颗粒的含水量和结构尺寸,颗粒的形状、表面特性、容重,自然休止角,孔隙度,压力,混合物的特性、数量及温度等。当含水量增大到标准含水量以上时,肥料的流动性绝大多数变差。在施肥、播种中保证流动性的使用措施如下:选用颗粒形状接近球形且均匀一致的肥料;保证肥料的干燥性以免因受潮使化肥在肥箱中结块及架空;清理化肥中的结块,一般不应有大于0.5厘米的结块;每天清理肥箱、输肥软管、导肥管中的残留化肥。

目前,多数施用硝酸磷肥,或尿素和二铵以一定比例混合而成的复混肥,这些肥料的颗粒均接近球形,流动性好。但易潮解,播种时应保证肥料的干燥性。

分置式种肥分施机构的输肥管末端直通开沟沟底,肥料在导肥管中基本上在竖直方向以自由落体运动,水平方向与播种机同速度前进,肥料与播种机的水平相对速度为零,输肥管紧贴在开沟器后,肥料落下,基本在种沟沟底,开沟深度即是施肥深度。开沟器开出种沟,肥料落入沟底,被开沟器推、翻到两边的土壤在开沟器经过之后,在自身重力的作用下,开始回落。影响土壤回落时间的因素主要有土壤性质、土壤含水量、开沟器类型和作业速度等。

为了确保种肥间距的农艺要求,可根据实际情况,在导种管和导肥管间安装一个回土铲,使沟壁的土壤及早回落,以保证种肥之间有足够的土壤隔开,防止烧种、烧苗。

采用可调式种肥分施开沟装置的免耕播种机,由于其导肥管下端出口处未装反射板,因此进行播种施肥作业时必须在行进中降落免耕播种机,以防在静止降落时湿土堵塞导肥管,影响排肥。

3. 动力驱动式防堵装置

免耕播种机的防堵性是指在免(少)耕及地表有秸秆残茬覆盖条件下进行施肥播种等作业时,作业机组所具有的防止秸秆覆盖物堵塞的能力。

圆盘式开沟器作业时滚动前进,被秸秆缠绕的可能性小,因此防堵能力强。尖角型、锄铲型等移动式开沟器,由于铲柄直立于地面移动,无法避免秸秆缠绕,因此防堵性差。

由于小麦的播种行距小,在多行播种机上的开沟器若安装为一排时,会导致开沟器之间的间距小而挂草堵塞严重的问题产生,为此,在多行播种机的结构上设计了两根开沟器梁,将相邻的开沟器布置成前后两排,以增大相邻开沟器之间的空间,减少挂草堵塞现象。

为满足秸秆覆盖量大的高产区免耕覆盖条件下的播种需要,近年来使用的动力驱动式防堵装置发挥了很好的防堵作用。以下介绍3种典型的动力防堵装置。

(1)旋耕防堵装置。该装置是利用旋耕机上的旋耕刀将播种开沟器前的覆盖在地表的秸秆残茬与表土切碎、混合,由于在播种过程中,秸秆残茬在旋耕刀的作用下始终处于较高速地向后运动状态,所以,有很强的防堵能力。目前,开发出的旋耕播种机有全面旋耕式和带状旋耕式(即只旋耕种行,其余土壤不旋耕)。

旋耕防堵装置的防堵能力强,尤其在地表不平的情况下有很强的适应性,播种质量较高。但旋耕防堵对土壤扰动大,不符合保护性耕作少动土的要求。而且采用旋耕防堵装置的施肥播种机消耗功率大。

(2)带状粉碎式防堵装置。该装置如图5-35所示,是利用安装在播种开沟器前的旋转刀轴上的粉碎刀片将玉米播种行上(粉碎宽度为20厘米左右)的秸秆粉碎,组合刀片由两把直刀加一把弯刀组成,直刀用于粉碎横秆,弯刀用于粉碎直立的根茎。粉碎刀高速旋转的动能,将秸秆拾起、粉碎,并带动秸秆到罩壳中,在经过定刀时,进一步粉碎,粉碎后的秸秆沿导草板导向开沟器后侧方,即将开沟器前的秸秆粉碎、后抛,防止堵塞。并且不会将粉碎后的秸秆覆盖在种行上,有利于种子发芽、出苗。

带状粉碎式防堵装置中的粉碎刀在离地面2厘米处通过,不入土,因此,不会对土壤造成破坏;高速粉碎刀对开沟器前的秸秆有很强的粉碎和后抛能力,因此,防堵性好;采用只粉碎开沟器经过处秸秆的带状粉碎方式,可以有效地减少粉碎时的动力消耗。

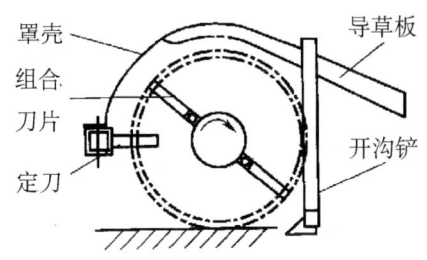

图5-35 带状粉碎式防堵装置

(3)带状锯切式防堵装置。该装置与带状粉碎式防堵装置结构类似,主要的差别是将粉碎甩刀换为圆盘锯片。这样可以大大降低切碎秸秆时的刀轴旋转速度,进而降低功率消耗。

4. 地轮

实行保护性耕作,在免(少)耕且有秸秆覆盖的地表施肥播种时,地轮容易出现的主要问题是滑移严重。一般普通播种机上所用的铁制地轮,在免耕覆盖地上使用时,其滑移率在20%以上,严重时甚至能达到40%。而一般传统播种机在播量调整时所考虑的滑移率仅为5%~10%。如此高的滑移率及其不均匀性对播种质量的影响是较大的。

造成高滑移率的原因主要有以下 3 个方面：一是地表有秸秆覆盖，地轮在秸秆上运动时，摩擦力减小；二是地表不平，地轮与地面的接触不均；三是不论是单体平行四连杆仿形开沟装置，还是整体仿形开沟装置，由于地表过硬开沟器入土深度受到限制，作为传递排种器排种、排肥的地轮往往出现被架空不转动，造成不排种、肥的问题。因此，解决地轮的高滑移率问题是提高免耕播种均匀性、防止漏播的重要措施。

根据上述造成高滑移率的原因，减少地轮滑移率的思路除了保证开沟器良好的入土性能外还主要有两条：一是采用橡胶充气地轮，据中国农业大学研究的结果，橡胶地轮的滑移率为 4% ～ 6.21%（垂直载荷在 50～150 千克时），其变化范围满足播种机的设计要求；二是若采用铁制地轮，可考虑增加地轮外廓抓地爪的高度（如将抓地爪的高度增加到 4 厘米），但即使如此，地轮的滑移率也在 14% 以上。

解决地表不平造成的地轮架空问题可考虑浮动地轮，即将地轮与播种机的连接设计为铰接，并利用弹簧加压，使地轮能随地表不平而浮动，保证接地。

中国农业大学研制的 2BMF－9 型小麦免耕播种机采用浮动地轮设计，其地轮本身为橡胶充气式。这样可以确保地轮既可适应高低不平的地表，又不会出现高滑移，提高了排肥、排种的均匀性，防止漏播现象的出现。

2BMF－6 小型小麦免耕覆盖播种机为了简化结构，不采用浮动地轮，采用两个地轮同时带动排种器方轴和排肥器方轴的方式，每边用一个自行车飞轮作为传动链轮以防止出现运动干涉，试验效果良好。

三、点（穴）播机的结构与工作

（一）2BJ－6 精密播种机

在播种玉米、棉花、大豆等大粒作物时，多采用单粒点播或多粒穴播。目前，常用的悬挂式玉米和大豆等的中耕作物播种机如

图 5-36 所示,该机可以实现单粒穴播,并能同时进行施肥作业。

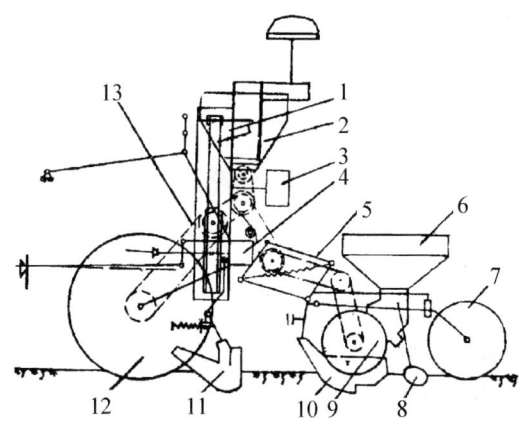

图 5-36　2BJ-6 悬挂式中耕作物播种机
1. 风机及传动带；2. 排肥器；3. 划印器控制机构；4. 机架；
5. 四杆仿形机构；6. 种子箱；7. 镇压器；8. 覆土器；9. 排种器；
10. 播种开沟器；11. 施肥开沟器；12. 地轮；13. 传动链

这种播种机的种子箱、排种器、开沟器、覆土镇压器组成一个播种单体,播种单体数与播种行数相等。播种单体通过平行四杆机构与主梁连接,有随地面起伏的仿形功能,从而保证播种深度一致。

排种器采用气吸式,如图 5-37 所示。种子箱下部为种子室,排种器为一个四周均布有吸孔的平面圆盘,垂直配置于种子室中,盘的正面与种子室中的种子接触,背面与真空室相连,真空室与风机吸风口连接。工作时,种子箱中的种子靠自重充满种子室,排种轴带动排种盘旋转,橡胶搅拌器随排种盘转动,搅拌种子,防止架空。风机产生的负压使排种盘两侧产生压力差,将种子吸附在排种盘的吸孔上,并随之旋转。吸种孔在两个刮种器之间通过时,刮去多余的种子,每孔只保留一粒种子,当种子转出真空室后,不再被吸附,靠自重下落到种沟内。

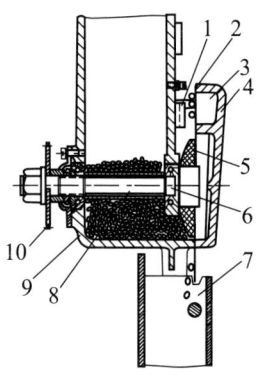

图 5-37 气吸式排种器

1. 刮种器;2. 排种盘;3. 真空室;4. 吸气盖;5. 搅拌器;
6. 排种轴;7. 导种管;8. 套管;9. 种子杯;10. 传动链轮

气吸式排种盘通用性好,更换不同吸孔大小的排种盘,可以适应不同作物的种子。气室吸力的大小可通过改变风机转速和风门开度进行调整。通过改变排种盘转速或改变盘上的吸孔数,可以适应不同株距的要求。该排种器不伤种子,但对真空室的密封性要求高。

(二)免耕播种机

中耕作物免耕播种机是在未经耕翻的前茬作物地里直接进行播种,对清草排堵功能、破茬入土功能、种肥分施功能有很高的要求,以满足免耕覆盖地播种的特殊要求。

图 5-38 为 2BQM-6A 型气吸式免耕播种机简图。该机采用拖拉机后三点悬挂,适用于玉米、大豆等中耕作物在原茬地上直接播种。工作时,破茬松土器开出宽 8~12 厘米的苗带,外槽轮式排肥器将肥料箱中的化肥排入输肥管并落入沟内,破茬松土器后方的回土将肥料覆盖。排种部件为气吸式排种器,排出的种子经输种管落入双圆盘开沟器开出的沟内,随后 V 形覆土镇压轮覆土并适度压密。这种免耕播种机将肥料施在种子的下方。

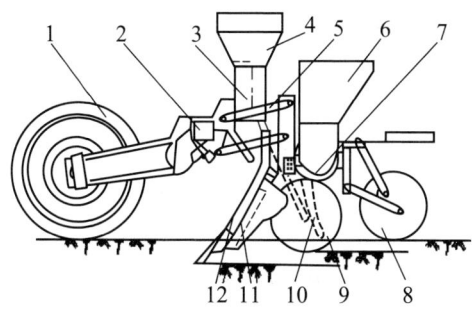

图 5-38 2BQM-6A 型气吸式免耕播种机

1. 地轮;2. 主梁;3. 风机;4. 肥料箱;5. 四杆机构;6. 种子箱;7. 排种器;
8. 覆土镇压轮;9. 开沟器;10. 输种管;11. 输肥管;12. 破茬松土器

四、铺膜播种机

地膜覆盖播种技术是解决我国干旱、半干旱地区农作物生长期缺水问题的关键性栽培技术措施之一。播种同时在种床上铺以塑料地膜,可以达到保墒,提高地温,抑制杂草生长,促进作物早出苗和生长发育快,提前成熟,因而增产效果显著。

铺膜播种机械主要是由铺膜机和播种机组合而成。铺膜机种类较多,包括单一铺膜机、做畦铺膜机、先播种后铺膜机组和先铺膜后播种机组等类型。

图 5-39 为采用先铺膜后播种工艺的鸭嘴式铺膜播种机。该机每个播种单体配置两行开沟、播种、施肥等工作部件,并设一塑料薄膜卷和相应的展膜、压膜装置。

作业时,肥料箱内的化肥由排肥器送入输肥管,经施肥开沟器施在种行的一侧,平土器将地表干土及土块推出种床外,并填平肥料沟,同时,开出两条压膜小沟,由镇压辊将种床压平。塑料薄膜经展膜辊铺至种床上,由压膜辊将其横向拉紧,并使膜边压入两侧的小沟内,由覆土圆盘在膜边盖土。播种部分采用膜上打孔穴播,工作过程是种子箱内的种子经输种管进入穴播滚筒的种子分配箱,随穴播滚筒一起转动的取种圆盘通过种子分配箱时,从侧面接受种子进入取种盘的倾斜形孔,并经挡盘卸种后进入种道,随穴播滚筒转动而落入鸭嘴端部。当鸭嘴穿膜打孔达到下死点时,凸轮打开活动鸭嘴,使种子落入穴孔,鸭嘴出土后,由弹簧使活动鸭嘴关闭。此时,后覆土圆盘翻起的碎土,小部分经锥形滤网进入覆土推送器,横向推送覆盖在穴孔上,其余大部分碎土压在膜边上,以便压紧已铺地膜。

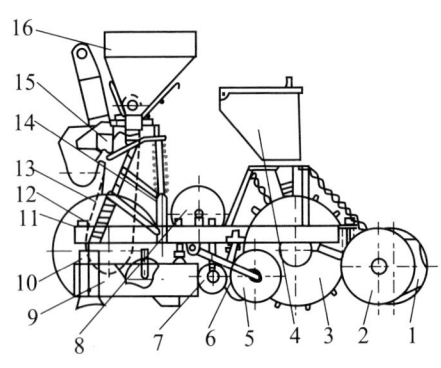

图 5-39 鸭嘴式铺膜播种机

1. 覆土推送器;2. 后覆土圆盘;3. 穴播器;4. 种子箱;5. 覆土圆盘;6. 压膜辊;
7. 展膜辊;8. 膜辊;9. 平土器及镇压辊;10. 开沟器;11. 输肥管;12. 地轮;
13. 传动链;14. 副梁及四连杆机构;15. 机架;16. 肥料箱

五、联合播种机

联合作业机具能同时完成整地、筑埂、平畦、铺膜、播种、施肥、喷药等多项作业或其中某几项作业。联合作业机组可以减少田间作业次数,缩短作业周期,抢农时,以及充分利用拖拉机功率,降低作业成本。其机具的类型较多,如适用玉米耕翻地上作业的旋耕播种机,适于已耕翻地上作业的整地播种机。因此,联合播种机近年在生产中得到广泛应用。图 5-40 是一种适用于在未耕地上作业的旋耕播种机示意图。该机具一次可以完成松土除草、旋耕整地、施肥播种、覆土及镇压等多项作业。在机器的前方安装松土除草铲,旋耕整地部分由拖拉机动力输出轴驱动,排种器和排肥器由地轮传动。播种施肥装置安装在旋耕机上方,输种管末端为开沟器。播下的种子覆土后由镇压轮压实。

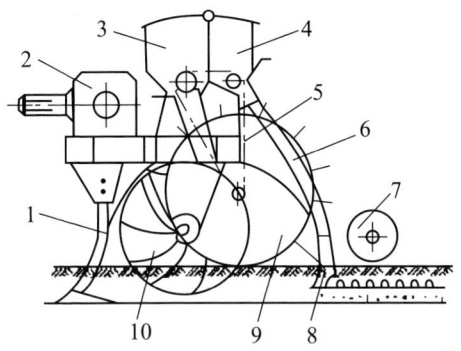

图 5-40 旋耕播种机示意图

1. 松土除草铲;2. 齿轮箱;3. 肥料箱;4. 种子箱;5. 传动链;
6. 导种管;7. 镇压轮;8. 开沟器;9. 传动轮;10. 旋耕机

第六章 栽植机械结构与工作

一、水稻插秧机

我国从1953年研究水稻插秧机,至今研制出多种机型,延吉生产的2Z T-9356独轮乘坐式机动插秧机使用广泛,它吸收了日本分置式栽插机构,适应于盘育带土中小苗栽插,具有取秧量准确、作业质量稳定等优点。下面介绍2ZT-9356插秧机结构与工作。

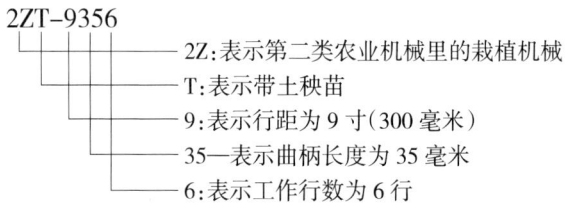

类似的插秧机型号还有2ZT-7358。

图6-1为2Z T-9356机动插秧机的结构示意图,该机适合于盘育中小苗带土栽插。由动力行走部分和插秧工作部分组成。插秧工作部分由分插机构、移箱机构、送秧机构、秧箱、提升机构等组成;动力行走部分由发动机、行走传动箱、驱动轮(或称地轮)、操向装置、牵引架和船板或浮板等组成。

插秧机的工作过程是:当离合器接合后,发动机的动力经传动机构传到分插机构后,秧爪动作。分离针通过分插机构的控制进入秧箱,进行取秧、分秧,分秧后分离针带着秧苗离开秧门继续运动。当分离针处于最低位置时,推秧器动作,将秧苗从分离针上推出植入稻田中。当分离针每次从秧门进入秧箱取秧后,横向送秧机构连续横移进行横向送秧。当秧箱从一端移到另一端时,纵向送秧机构动作,实现纵向送秧。如此循环完成整个插秧过程。

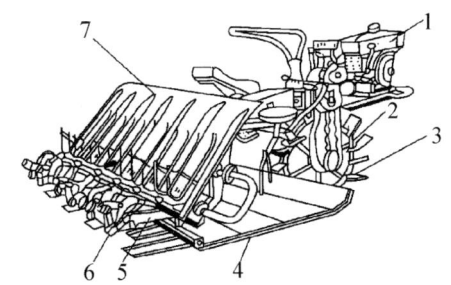

图 6-1 2ZT-9356 型机动插秧机结构示意图

1. 发动机(165F 风冷柴油机);2. 行走传动箱;3. 地轮;4. 秧船;
5. 分插链箱;6. 分插机构;7. 秧箱

二、水稻钵苗移栽机

水稻钵苗移栽机在生产上应用的有两大类型:一类是抛撒式水稻抛秧机,另一类是水稻钵体苗有序移栽机械,即水稻钵苗行栽机。

(一)水稻抛秧机

水稻抛秧技术是我国水稻生产的一项重大改革,与传统的插秧相比,具有省工、高效、增产等优点,目前,已在全国主要水稻产区推广应用。

水稻抛秧的秧苗采用软塑穴盘育秧,每穴秧苗相互独立,当秧苗高度达到 12~18 厘米,每株苗的总根数达到 10 条左右时,将秧苗连同根部的土坨一起取出,均匀地抛撒于大田,靠秧苗根部土坨下落时的力量贯入成泥浆状的田间,从而完成栽植作业。

抛秧移栽对本田整地质量要求较高,尤其是有前茬的稻地要做好灭茬工作。整地质量标准如下。

1. 田面平整。

同一块田内达到,高低相差不超过 3 厘米。

2. 地表干净。

不露根茬,无僵块及其他残渣杂物。

3. 上糊下松。

耙平后田面呈汪泥汪水状态。

注意壤土或黏重土应在耙平后,田面泥浆沉实,呈汪泥汪水状态时进行抛秧；沙土地应在耖平后立即抛秧。

抛秧作业若由人工手抛完成，则抛秧不均匀，抛秧密度不易控制，作业质量难以达到理想效果，未能充分发挥水稻抛秧栽培的技术优势，影响了水稻产量的进一步提高。水稻钵苗移栽机械，解决了目前抛秧作业中存在的问题，不仅大大减轻了劳动强度，提高了生产效率，而且更重要的是保证了水稻抛秧作业质量，可充分发挥水稻抛秧栽培的技术优势，节本增产效果更加显著，对提高我国水稻种植机械化水平、促进水稻生产的发展具有重要意义。

水稻抛秧机属于抛撒式水稻钵苗移栽机械，其原理是利用机械的方式模拟人工抛秧来完成水稻抛秧作业，目前，在生产中应用的机型主要是2ZPY系列水稻抛秧机。该系列有2ZPY-Z型自走式、2ZPY-Q型牵引式和2ZPY-C型匹配式水稻抛秧机等机型。

2ZPY系列水稻抛秧机适用于采用塑料穴盘育秧秧苗，育秧盘规格不限，可抛栽大、中、小苗，秧苗高度一般不超过180毫米，秧苗过高不影响抛秧作业，但影响抛秧直立度。在取秧时应尽量保证秧苗根部的营养土坨不被破坏，抛秧作业时要求秧苗营养土坨的相对湿度在40%~60%范围内，即秧苗土坨用手加力挤压时不出现泥水，松开后，在不受外力作用时不破碎为最佳抛秧条件，这样可以防止抛秧作业时秧苗的营养土坨与抛秧甩盘粘连或被破坏。

2ZPY-Z型自走式水稻抛秧机（图6-2）由发动机、传动变速箱、行走水田轮、操向手柄、牵引架、拖板、过埂器、机架、抛秧传动系统、抛秧甩盘、喂秧斗、护罩、秧箱等构成。自走式机型自配动力和行走装置，可独立作业，具有结构紧凑、操作转向灵活、地头转弯半径小等优点。

2ZPY-Q型牵引式水稻抛秧机可与多种拖拉机配套，机具结构简单，制造成本低，但地头转弯半径大，适合大地块作业。

2ZPY-C型匹配式水稻抛秧机，可与水稻插秧机或水田耕整机底盘配套使用，图6-3为其结构图。该机由动力部分、行走部分、抛秧工作部分组成。该机配用的动力机多为2.2~4千瓦的小型汽油机或柴油机。

第六章 栽植机械结构与工作

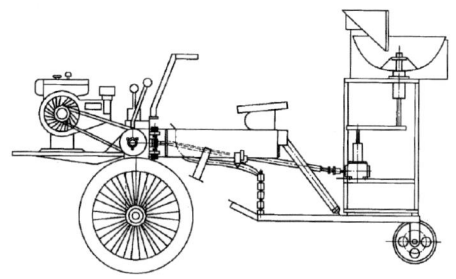

图 6-2 2ZPY-Z 型自走式水稻抛秧机

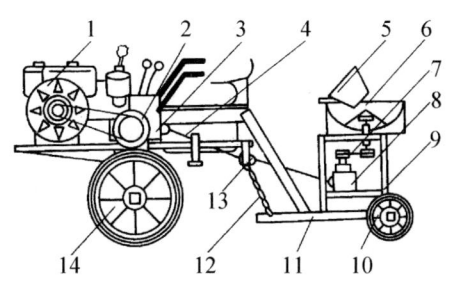

图 6-3 2ZPY-C 型匹配式水稻抛秧机

1. 动力机；2. 齿轮减速箱；3. 变速箱；4. 传动轴；5. 喂秧斗；6. 抛秧盘；7. 三角带；
8. 减速器；9. 机架；10. 陆地行走轮；11. 船体；12. 链条；13. 万向节；14. 驱动轮

2ZPY-C 型水稻抛秧机的抛秧装置主要由喂秧斗、抛秧盘组成。抛秧盘为转碟形，分为人力喂秧与机械喂秧（图 6-4）两种结构，内部有一倒锥体。喂秧时，秧苗从锥体顶部沿锥面滑向锥体根部，最后由抛秧盘甩出，如图 6-5 所示。

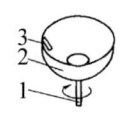
a 人工喂秧斗

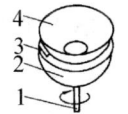
b 机械喂秧斗

图 6-4 喂秧斗结构及喂秧形式

1. 驱动轴；2. 转碟；3. 刮土板；4. 喂秧斗

· 107 ·

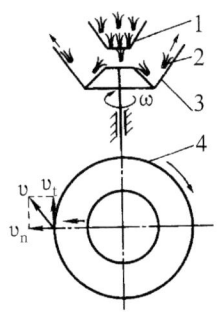

图 6-5 抛秧盘
1. 喂秧斗;2. 秧苗;3. 抛秧盘;4. 刮土板

2ZPY 系列水稻抛秧机的工作原理是:利用旋转锥盘转动时的离心作用,将从锥盘中心部位喂入的带钵秧苗均匀地抛撒于大田,靠秧苗从锥盘获得的能量和自身重力使秧苗钵体贯入田间定植,从而完成抛秧作业。秧苗抛撒位置与秧苗的喂入位置相对应,当秧苗喂入均匀时,秧苗在田间的分布比较均匀。因此,该机具有结构简单、重量轻、适应性强、便于操作、生产效率高等优点。

(二)水稻钵苗行栽机

水稻钵苗行栽机属于水稻钵体苗有序移栽机械,其原理是:机器的输秧拔秧装置将在软塑穴盘培育的水稻秧苗自动有序的输送和从育秧盘中拔取,并按一定的株距和行距栽植在田间,完成水稻钵苗移栽作业。

目前,在生产中应用的机型主要有 2ZPY-H530 型水稻钵苗行栽机、2BU-6 型水稻播秧机和 2PY-6 型水稻有序抛秧机。下面以 2ZPY-H530 型水稻钵苗行栽机为例介绍水稻钵苗有序栽植机械。

2ZPY-H530 型水稻钵苗行栽机的构造如图 6-6 所示,由发动机、行走变速箱、驱动轮、牵引架、拖板、运秧架支座、减速器、空盘回收架、导秧管、输秧拔秧装置等组成。

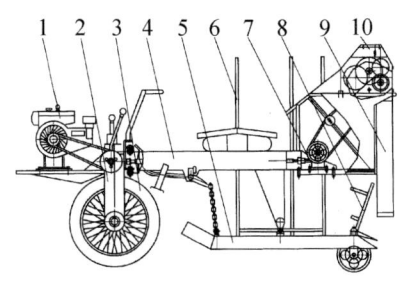

图 6-6 水稻钵苗行栽机

1. 发动机；2. 行走变速箱；3. 驱动轮；4. 牵引架；5. 拖板；6. 运秧架支座；
7. 减速器；8. 空盘回收架；9. 导秧管；10. 输秧拔秧装置

该机工作过程：发动机的动力通过行走变速箱分为两路，一路传递到驱动轮驱动机器前进；另一路通过万向节传递到减速器，减速后通过皮带传递到输秧拔秧装置（图 6-6 中的 10），驱动输秧辊、拔秧辊工作。喂秧手将带有秧苗的育秧盘从运秧架内抽出放在托板上并喂入到输秧辊上，输秧辊将秧盘卡住向前输送，拔秧辊将秧苗从育秧盘中单穴独立拔出，顺序放入导秧管，秧苗在重力作用下沿导秧管下滑分行落入大田泥浆中，完成栽植作业。空秧盘由输秧辊输送到空盘回收架内。

水稻钵苗行栽机的技术特征如下。

1. 采用栅状滚筒式输送机构和螺旋排列对辊式拔秧机构，实现了软塑穴盘育秧的自动输秧和拔秧，保证水稻栽植密度的准确性，且对辊式拔秧机构避免了对秧盘及秧苗的损伤。通过机器前进速度与输秧拔秧速度的配合，可实现对抛秧株距的调整与控制。

2. 采用间隔斗式分秧和导管式导秧装置，实现了水稻钵苗的成行有序抛栽。

3. 采用波浪形拖板，波峰与抛秧行相对应，解决了常规拖板前方壅泥壅水问题，减小了行走阻力，提高了机具的行走速度和走直性，同时使秧苗落在由拖板挤出的软泥浆上，提高了秧苗栽植的直立度和入土深度，可降低对田间整地的要求。

三、旱田作物移栽机械

近年来，育苗移栽技术成为一种农业增产措施，正在国内外农业生产中逐步推行，目前我国已将该技术应用于玉米、棉花、烟草、蔬菜和甜菜等作物。

旱地栽植的分类：按秧苗是否带土，可分为裸苗栽植机和钵苗栽植机；按自动化程度可分为手动栽植器、半自动栽植机和全自动栽植机；按栽植器机构特点，可分为盘夹式、链夹式、导苗管式、吊筒式和带式喂入栽植机等。

（一）导苗管式栽植机

2ZY-2型栽植机由山东泰安拖拉机总厂生产，可用于移栽玉米、棉花、蔬菜、烟草，其结构如图6-7所示。

由图6-7表明，该机与拖拉机3点悬挂，由连接架21与拖拉机悬挂相连，开沟器18、箱体12、覆土驱动镇压轮31等都与纵梁1相连接，该机为单体独立工作，一个单体为一行。单体的运动由覆土驱动镇压轮31驱动，该轮通过一对非正交锥齿轮33、34和一对链轮23、32带动有4个投苗杯4的转盘5转动。从动链轮23又通过一对齿轮、链齿轮29带动平行四连杆机构14的曲柄转动，曲柄通过连杆13推动平行四连杆机构14做往复运动。推苗板15固定在平行四连杆机构上，在推苗过程中平行移动，保持栽植秧苗直立。当连杆13向上运动时，靠固定在其上的驱动板24推动打水器导杆26将灌水器55的阀门打开，向开沟器打水，以达到注水移栽的目的。链齿轮29通过链条16带动施肥轴45转动，使肥箱3的肥料施入土中，实现施肥目的。

栽植机工作时，操作者坐在座位上，从秧盘架上取苗投入投苗杯4，位于转盘5上的投苗杯转到导苗管9的上方位置时，在凸轮8的作用下投苗杯张开，秧苗靠重力落下通过导苗管9落于开沟器18内，被开沟器尾部两侧板夹挂住，然后在推苗板15的作用下，将带土秧苗推入由覆土驱动镇压轮壅起的土堆中，并进行覆土与镇

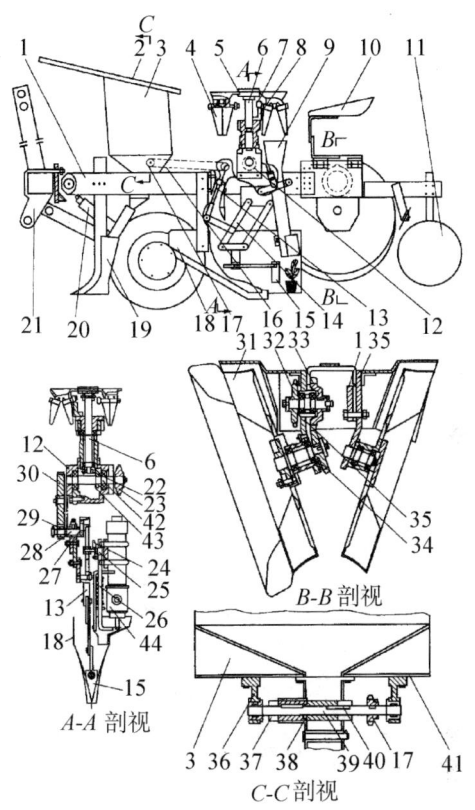

图6-7 2ZY-2型栽植机

1. 纵梁;2. 秧盘架;3. 肥箱;4. 投苗杯;5. 转盘;6. 立轴;7. 滚轮;8. 凸轮;
9. 导苗管;10. 座位;11. 扶土圆盘;12. 箱体;13. 连杆;14. 平行四杆机;
15. 推苗板;16. 链条;17. 从动齿轮;18. 开沟器;19. 犁刀;20. 地轮升降螺杆;
21. 连接架;22. 锥齿轮;23. 从动链轮;24. 驱动板;25. 滚轮;26. 导杆;27. 曲柄座;
28. 曲柄轴;29. 链齿轮;30. 大齿轮;31. 覆土驱动镇压轮;32. 主动链轮;
33. 锥齿轮;34. 锥齿轮;35. 覆土镇压轮固定板;36. 支承座;37. 调节套;38. 施肥;
39. 施肥轴;40. 键;41. 肥箱架;42. 传动轴;43. 锥齿轮;44. 灌水器

压。随后由一对扶土圆盘11将镇压后的土壤表面刮平以达保墒的目的。

该机一次作业可完成开沟、施肥、注水、覆土、压实等工序。

中国农业大学研制的导苗管式移栽机,可用于玉米、棉花、烟叶、甜菜、蔬菜等作物,是采用倾斜的导苗管将苗体引向开沟器开出的苗沟内,在开沟器和覆土轮之间所形成的覆土流的堆压作用下扶正压实。结构简单,不伤苗,适应性广。意大利 Chcchi&Magli 公司的 TEX2 型导苗管式栽植机上采用类似结构。

(二)盘夹式栽植机

如图6-8所示,工作时人工将秧苗放置在转动的苗夹上,秧苗被夹持随圆盘转动,到达苗沟时,苗夹打开,秧苗落入苗沟,然后覆土,完成栽植过程。这种栽植机结构简单、成本低,但穴距调整困难,栽植速度低,一般为30~45穴/分钟,适用于裸苗移栽。

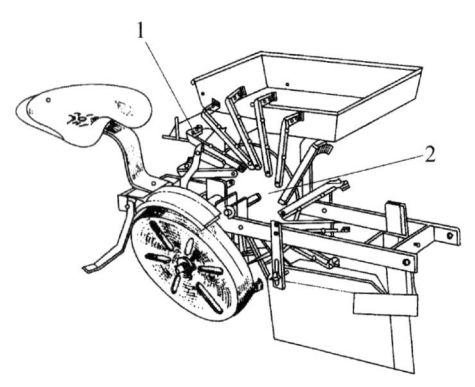

图6-8 盘夹式栽植机
1. 苗夹;2. 圆盘

(三)链夹式栽植机

如6-9所示,苗夹安装在链条上,链条由镇压轮驱动,秧苗由人工喂入到苗夹上,由苗夹将秧苗栽植到田间。

链夹式与盘夹式工作原理相同,由于价格低,在我国有一定市场,但缺点是生产率低并有伤苗等问题而推广受到限制。适用于裸苗移栽。

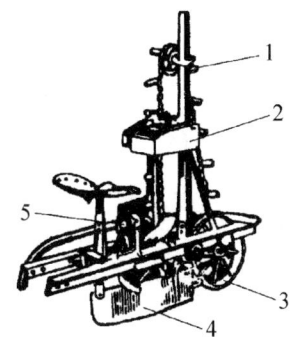

图 6-9 链夹式栽植机

1. 苗夹;2. 秧箱;3. 镇压轮;4. 开沟器;5. 浇水装具

(四)盘式栽植机

如图 6-10 所示,由两片可以变形的挠性圆盘来夹持秧苗,由于不受苗夹数量的限制,它对穴距的适应性较好。在小穴距移栽方面具有良好的推广前景;但栽植深度不够稳定。圆盘一般由橡胶材料或薄钢板制成。结构简单,成本低,但圆盘寿命短。

工作时,喂秧手将秧苗均匀地放置到供秧传送带的槽内,传送带将秧苗喂入栽植器中,以保证穴距均匀,并可减轻劳动强度。这种栽植机适用于裸苗及纸筒苗移栽。

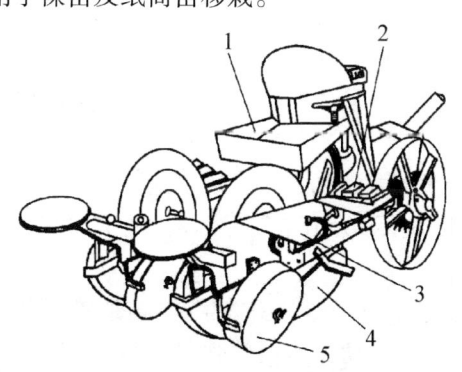

图 6-10 盘式栽植机

1. 秧箱;2. 供秧传送带;3. 挠性盘;4. 开沟器;5. 镇压轮

(五)吊筒式栽植机

吊筒式栽植机又称吊篮式栽植机,如图 6-11 所示,为意大利切克基·马格利公司生产的沃夫(Wolf)栽植机。工作时,吊筒在偏心圆盘作用下始终垂直于地面。当吊筒运行到上部位置时,栽植手将秧苗放入吊筒,当吊筒运行到最低位置时,吊筒的底部尖嘴对开式开穴器在导轨作用下被压开,钵苗落入穴中,部分土壤流至苗周围,压密轮随之将其扶正压实。栽植圆盘继续转动,脱离导轨的开穴器在弹簧作用下合垄,进行下一个循环。

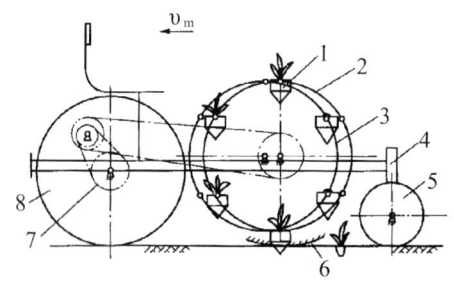

图 6-11 Wolf 吊筒式钵苗栽植机示意图

1. 吊筒栽植器;2. 栽植圆盘;3. 偏心圆盘;4. 机架;5. 压密轮;
6. 导轨;7. 传动装置;8. 仿形传动轮

这种栽植机适合于钵体尺寸较大的钵苗移栽,尤其适合于地膜覆盖后的打孔栽植。其优点是在栽植过程中不受任何冲击,适合于根系不太发达而易碎的钵苗;缺点是结构复杂,喂苗速度低、生产率不高。

(六)带式喂入栽植机

如图 6-12 所示,为山东工程学院研制的 2ZG-2 型带式喂入栽植机。

当机器前进时,开沟器开出栽植沟,与地轮同轴的链轮通过链条把运动按一定的传动比传给输送带,盛满钵苗的钵苗盘预先放在盘架上,盘上 9 条纵向栅格将钵苗分成 10 排,每排 10 个。作业

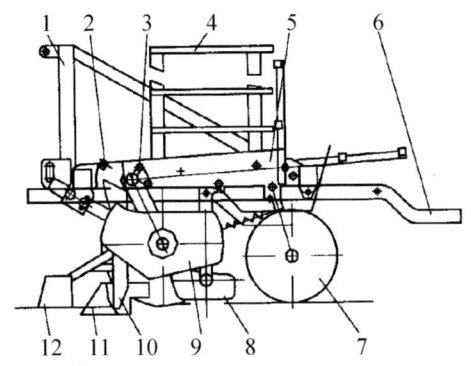

图 6-12　2ZG-2 型带式喂入栽植机

1. 机架; 2. 扶正器; 3. 分钵器; 4. 盘架; 5. 喂入机构; 6. 座位;
7. 镇压轮; 8. 覆土板; 9. 地轮; 10. 导苗管; 11. 开沟器; 12. 刮土器

时操作者将钵苗盘取下,放在喂入机构后方使一排钵苗与输送带对齐,然后将一排钵苗推入输送带,钵苗经过输送、分钵、扶正完成喂入过程;经导苗管下落后被覆土、镇压,完成栽植过程。

该机与 8.8 千瓦小型拖拉机配套,用于玉米、棉花钵苗栽植;获国家专利,结构简单,造价低,喂入机构原理新颖,不伤苗,栽植速度达到较高频次每行 1.4 穴/秒。

第七章 播种机的使用与维修

一、播种机组的田间行走方法

播种机的田间行走方法应依地形和机组情况来确定,一般常用梭形、套播、向心播法和离心播法,如图7-1所示。

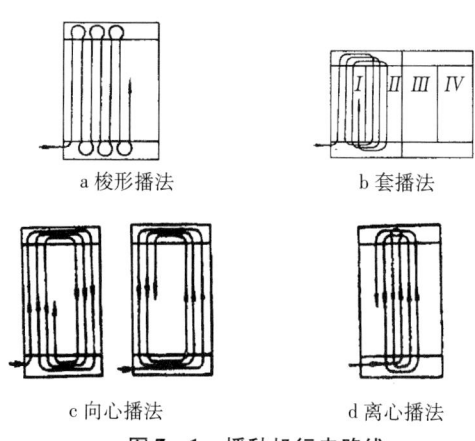

a 梭形播法　　　　b 套播法

c 向心播法　　　　d 离心播法

图7-1　播种机行走路线

梭形播法:机组沿一侧进地,依次往返穿梭到地块的另一侧,最后播地头。这种播法较简单,不易漏播,实际播种中多采用此法,缺点是地头转弯的时间较长。

套播法:播种前将大地块分成双数等宽的播种小区,小区宽度应为播种机工作幅宽的整数倍,然后跨小区进行播种,此法机组不用转小弯,容易操作。

向心播法(又可称回形播法):机组从地块一侧进入,由外向内一圈一圈绕行,到地块中间播完。机组可以采用顺时针绕行或逆时针绕行。

离心播法:机组从地块中间开始由内向外绕行,可以采用顺时针绕行或逆时针绕行。

向心播法和离心播法地头空行少,但播前需将地块分成宽度为机组工作幅宽整数倍的小区。

根据待播种地块情况,选择适宜的行走路线。不论采用哪种行走方法都要预先在地头两端划出地头线,作为播种机起落开沟器的标志。地头线宽度应取播种机工作幅宽的 3~4 整数倍,以便最后播地头时尽量减少重播或漏播。

另外,还要考虑好如何播地头。一种办法是在播最后一个行程前,先把一侧地头播好,待最后一个行程播完后,再播另一侧地头。另一种办法是在地块两侧留出与地头等宽的地带先不播种,待地块里面播完后,再绕播地头和两侧预留部分。

二、划印器长度及加种点位置的计算

在播种机上安装划印器,是为了保证邻接机组在往返行程中仍然能够使邻接行距准确一致。划印器多为悬臂式,是由一个长度可调的直杆和一个能划出浅沟的球面圆盘构成,可以在未播种的地面上划出一条浅沟,供拖拉机驾驶员在下一行程时作为行进的标记。

划印器的长度与播种机在播种时的行走路线和对印目标有关。现以拖拉机右前轮中心或右履带内侧对准划印器所划印迹,采用梭形播法为例,来计算划印器的长度,如图 7-2 所示。

$$L_{右} = B - \frac{C}{2}$$

$$L_{左} = B + \frac{C}{2}$$

式中:$L_{右}$——右侧划印器长度(指右侧划印器划出的印迹到播种机中心线的水平距离),米;

$L_{左}$——左侧划印器的长度(指左侧划印器划出的印迹到播种机中心线的水平距离),米;

B——播种机工作幅宽,米;

C——拖拉机前轮中心距或拖拉机履带内侧距,米。

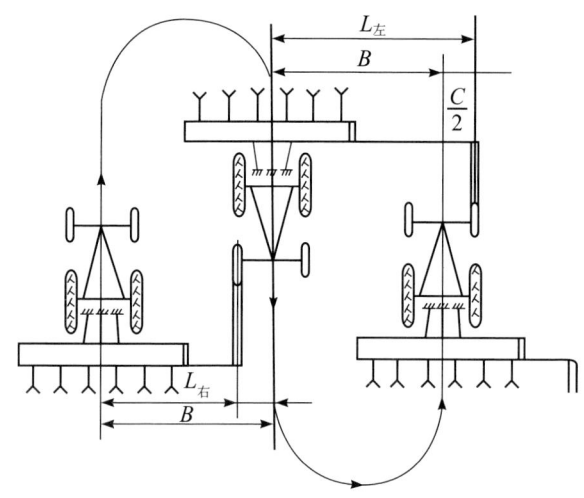

图7-2 划印器长度的计算

确定加种点的位置。加种点的位置一般设在地头一端,地块较长,播种机种子箱容种量不足一个往返行程时,也可设在地块的两端。若种子箱内应留下不播的种子10%(即不能把种子全部播完后再添加种子,以免产生漏播),按照下式可计算出加种点的长度 S:

$$S = \frac{10\,000 \times 0.9 Q_1}{QB}$$

式中:S——加种点的长度,米;

Q_1——播种机种子箱容量,千克;

B——播种机工作幅宽,米;

Q——要求的播种量,千克/公顷。

三、条播机的调整

(一)行距的调整

条播机行距调整是通过改变相邻开沟器的安装距离来实现

的。进行行距调整时,应将播种机水平支起,离开地面,按照下式计算出应安装的开沟器数目:

$$N = \frac{L - b_1}{b} + 1$$

式中:N——开沟器数(取整数,小数点后舍去);

L——开沟器梁的有效长度(等于开沟器梁的总长减去一个开沟器拉杆的安装宽度),厘米;

b_1——一个开沟器拉杆的安装宽度,厘米;

b——要求的行距,厘米。

找出播种机的中心线,并在开沟器梁的相应位置做上标记,从开沟器梁中间开始向两侧顺序安装开沟器。若 N 为单数时,在梁的中心线处安装第一个前列开沟器;若 N 为双数时,在梁的中心线左右两侧各半个行距处各安装一个开沟器,然后再按行距向两侧逐次安装。前后列开沟器必须互相错开安装。

对于开沟器拉杆已变形的旧播种机,必须在开沟器固定后,将其落下,检查实际行距并进行校正。

(二)播种深度的调整

机具不同,播种深度调整方法也不同。有的播种机靠改变升降手柄的位置来调整播深;有的播种机通过调整开沟器与镇压轮的相对位置调整播深,如将镇压轮向下调,则开沟器入土浅,播深减小。

进行播深调整时,要注意各开沟器的播深是否一致,若不一致,则通过改变单个开沟器的上下安装位置或弹簧预紧力,使播深趋于一致。

(三)播种量的调整

以外槽轮式排种器为例,说明播种量的调整方法。

外槽轮式播种机的排种量主要取决于槽轮的工作长度(槽轮在排种盒内的长度)和转速。一般是先按播种量选好传动比,然后调整槽轮的工作长度以达到播量的要求。工作长度越长或槽轮转速越高,排种量越大。为了保证排种的均匀性、稳定性和低破碎率,应尽量采用较小的传动比和较大的槽轮工作长度。

1. 排种量一致性的调整

播种机一般都可一次进行 4~20 行的播种,要求每行的排种量一致,不能有多有少,因此对新投入使用的播种机,在进地播种前要检查这些排种器的排种量是否是相同的。检查方法是将播种机支起垫平,选好适宜的传动比和槽轮工作长度,在种箱内装入 8~10 厘米深的种子,转动地轮使排种器充满种子,清除排出的种子,装上接种袋,以接近播种机作业时的行走速度转动地轮 10~20 圈,称量每个排种器的实际排种量,称量精度为 0.5 克,计算出每个排种器排种量的平均值,比较各排种器实际排量与平均值的偏差,不得超过 2%~3%,若超过要求,即各排种器的排种量差异较大时,则应分别调整单个排种槽轮的工作长度。然后再做检验,直到符合要求为止。调好后将槽轮两端的定位卡箍拧紧。

2. 排种量调整检查

播种前要进行排种量检查,以保证排种量符合单位面积播量的要求。进行排种量检查时,应将播种机水平的支离地面,放下开沟器,在种箱内加入种子至种箱容量的 1/4 以上,转动几圈地轮,使排种器内充满种子,然后在各输种管下放置接种容器,以接近实际工作的转速(一般为 20~30 转/分钟)均匀地转动地轮 10~20 圈后,称量所有容器内的种子质量。全部排种器的排种量应符合下式的要求,偏差不得超过 2%。

$G = 0.1\pi D(1+\delta)BnQ$

式中:G——全部排种量,克;

Q——单位面积要求的播种量,千克/公顷;

B——工作幅宽,米;

π——圆周率(按 3.14 计算);

D——地轮直径,米;

δ——地轮滑移系数(按 0.05~0.1 计算);

n——试验时地轮转动圈数。

若排种量过大或过小,可通过调整手柄轴向移动排种轴,同时改变各槽轮的工作长度,以减小或增大排种量,然后再进行实验,直到符合要求为止。

3. 田间试播

由于播种机排种量检查调试与田间实际作业时的条件并不完全相符,所以调试后还应进行田间试播,对播种量进行校核。校核方法如下。

首先确定试播地段的长度,并按下式计算出该长度范围内的应播种子量:

$$q = \frac{QBL}{10\,000}$$

式中:q——试播地段长度应播的种子量,千克;

Q——要求的播种量,千克/公顷;

B——播种机工作幅宽,米;

L——试播地段长度,米。

然后在种子箱内装入 8～10 厘米深的种子,将表面刮平,用铅笔在种箱侧壁上作出标记,再加入按上式计算出的应播种子量,刮平后进行试播;播完预定长度后停机,将种箱内的种子刮平,检查种子表面是否与所作标记相符,若不符,应调整排种轴轴向位置,以改变槽轮工作长度,然后对播量进行再次试验,直到相符为止。并把播种量调整手柄固定紧。

外槽轮式排肥器的排肥量调整与上述调整类似。

四、播种质量检查

(一)行距检查

拨开相邻两行的覆土,测量其种子幅宽中心距是否符合规定行距,其误差不得大于 2.5 厘米。

(二)覆土深度检查

在播种区内按对角线方向选取测定点(不少于 10 个测定点),拨开覆土,贴地表平放一直尺,用另一尺测量出已播种子到地表直尺的垂直距离,并计算出多个测定点的平均值,该值与规定覆土深度的误差不得大于0.5厘米。

(三)穴距和每穴粒数检查

每行选3个以上测定点,每个测定点的长度应为规定穴距的3倍以上;拨开各测定点覆土,逐穴检查种子粒数并测量穴距。每穴种子粒数与规定粒数相比,±1粒为合格,穴距与规定穴距相比±5厘米为合格。精密播种机要求每穴1粒,穴距误差±0.2厘米为合格。

(四)断条率和空穴率的检查

1. 条播断条率的检查

条播小麦或谷子时,两粒种子间距大于10厘米时为断条;条播玉米、大豆、棉花等作物时,两粒种子间距大于计划株距1.5倍时为断条。断条率可用下式计算:

$$\varepsilon = \frac{(L_1 + L_2 + \cdots L_n) - n \times i}{L} \times 100\%$$

式中:ε——断条率,%;

L——检查总长度,厘米;

L_1、L_2、……、L_n——大于计划株距1.5倍的空段长度,厘米;

n——断条段数;

i——计划株距的1.5倍(小麦、谷子i为1厘米)。

2. 穴播空穴率的检查

穴播(含单粒点播)时两穴(粒)间的株距大于计划株距的1.5倍时为空一穴,大于计划株距3倍时为空两穴,依此类推。空穴率是指空穴占总检查穴数的百分比。

五、播种机的使用与维护

(一)播种机的使用注意事项

1. 工作前要检查播种机的技术状态。传动链条张紧度应符合要求,地轮轴、排种轴等应转动灵活;各部位应连接可靠,不漏种;要确定合适的加种点和每次加种量,一般加种点应设在地头,尽量避免在播种行程中加种。

2. 播种中途尽量避免停车。如必须停车，再次起动时要先将开沟器升起，后退1米左右，方可进行播种作业，以免造成漏播。

3. 播种时应确保匀速直线行驶，以防漏播与重播；开沟器未升起时严禁倒退或转弯；地头转弯时，必须把开沟器、划印器升起，并降低拖拉机行走速度。

4. 驾驶员与农具手之间应规定联络信号，当农具手发出开车信号之后，驾驶员才能开动拖拉机；工作中农具手要注意排种（肥）器是否正常工作，输种（肥）管有无堵塞，种（肥）箱内的种子、肥料是否足够，划印器工作是否正常，开沟器有无挂草堵塞等，发现问题，应立即向拖拉机手发出信号，停车进行解决。工作部件和传动部件粘土或缠草过多时，应停车清理。播种过程中禁止进行调整、修理和润滑工作。

5. 种肥箱内的种子和肥料在作业中不要全部播完，至少应保留足以盖满全部排种（肥）器的量的种子和肥料，以防断播。

6. 播拌药的种子时，接触种子的人员应戴口罩和手套等防护用具。播后的剩余种子要妥善处理，以防中毒和污染环境。

7. 悬挂播种机在运输状态下严禁坐人。

8. 更换不同的种子时，必须将种子箱清扫干净。

(二)播种机的维护

1. 班次维护

(1)每天工作后，应清理机器上的泥土、杂草等物，特别注意将传动系统清理干净；检查各部件是否处于良好状态，紧固各连接螺钉；向各润滑点加注润滑油。

(2)作业后及时清扫肥料箱内残存肥料，防止腐蚀机件；盖严种箱和肥箱，必要时用苫布遮盖，防止杂物和受潮；落下开沟器，将机体支稳。

2. 存放维护

播种作业完全结束后，机具要放置很长时间，到下个作业季节时才能使用，做好机具的保管工作，对延长机具的使用寿命有重要意义。

（1）作业季节结束后，清除种子箱、排种器和排肥器内的残留种子及肥料，用水将肥料箱冲净并擦干，箱内涂上防锈油。

（2）检查主要零件的磨损情况，必要时予以更换；圆盘式开沟器应卸开进行清洗与保养后再装好；各润滑部位加注足够的润滑油；在链条、链轮等易生锈部位涂上废机油或黄油，以防锈蚀。

（3）放松链条、皮带、弹簧等，使之保持自然状态，以免变形。

（4）把输种管、输肥管卸下，单独存放。

（5）对脱漆部位要重新涂上防锈漆。

（6）将开沟器支离地面。将机具停放在干燥通风的库内。塑料和橡胶零件要避免阳光和油污的侵袭，以免加速老化。

六、播种机常见故障与排除方法

播种机在使用过程中难免要出现故障，现将播种机的常见故障与排除方法归纳如表7-1。

表7-1　播种机常见故障及排除方法

故障现象	产生原因	排除方法
漏种（种沟内无种子）	1. 输种管堵塞脱落 2. 输种管损坏 3. 土壤湿黏，开沟器堵塞 4. 种子不干净，堵塞排种器	1. 经常检查排除 2. 修理或更换 3. 在适合条件下播种 4. 将种子清选干净
播深不一致	1. 播种机机架前后不水平 2. 各开沟器安装位置不一致 3. 播种机机架变形，有扭曲现象	1. 正确连接，使机架前后水平 2. 调整一致 3. 修复并校正
行距不一致	1. 开沟器配置不正确 2. 开沟器固定螺丝松动	1. 正确配置开沟器 2. 重新紧固
播量不一致	1. 地面不平，土块太多 2. 排种轮工作长度不一致 3. 排种舌开度不一致 4. 播量调节手柄固定螺丝松动	1. 提高整地质量 2. 进行播量试验，正确调整排种轮工作长度 3. 根据种子尺寸，调好排种舌位置，并保持一致 4. 重新紧固在合适位置

(续表)

故障现象	产生原因	排除方法
播种过浅	1. 土壤过硬 2. 牵引钩挂接点位置偏低 3. 开沟器调整不正确	1. 提高整地质量 2. 向上调节挂接点位置 3. 调整开沟器开沟深度
邻接行距不正确	1. 划印器臂长度不对 2. 机组行走不直	1. 校正划印器臂的长度 2. 严格走直

七、播种机的修理

(一)机架变形或断裂的修理方法

变形采用冷矫正修复,断裂可用加强筋及焊补修复。

(二)行走轮变形、断裂或辐条脱落的修理方法

可加热纠正;焊加强筋;辐条脱落可以焊牢。

(三)开沟器圆盘、芯铧式铲刃口磨钝和缺口的修理方法

可用车床或砂轮将刃口磨锐到标准尺寸;焊补后磨修到规定标准。

(四)输种管拉长或曲折的修理方法

用木锤敲打矫直扭弯的输种管;可将拉长的卷片或输种管压缩到原状后,用铁丝固定住,再进行淬火即可复原。

(四)链条磨损后的修理方法

将磨损后的链节用样板分类为 6.5 毫米、5.5 毫米和 4.5 毫米,环部直径小于 4.5 毫米就应报废。再将链节放在专用设备上将其压弯,经过试运转后使用。

第八章　插秧机与抛秧机的使用与维修

一、选购插秧机的注意事项

(一)要购买证件齐全的产品

优先选用有生产厂家、有出厂合格证、有农业机械推广鉴定证书的产品,并索要正式发票,以便售后服务有保障。并可以征询周边购买插秧机用户的意见。

(二)检查插秧机的外观质量

可以从3个方面进行检查。

1. 检查插秧机覆盖件的喷漆质量。漆膜应该没有脱落,表面光亮,电镀件、镀锌件的镀层很牢固,没有脱落现象。

2. 焊接件要牢固可靠,没有烧穿、开焊、飞边毛刺等缺陷。连接件、非标准件牢固齐全。

3. 详细查看装箱清单、随机工具、易损备件、使用说明书等技术资料是否齐全完整。

(三)检查插秧机工作运转情况

可以进行3项操作来检查性能的好坏:

1. 将主离合器处于接合状态,变速手柄放在空挡,接合插秧离合器,通过摇把用手慢慢摇动发动机,检查工作部分运转情况,栽植臂不应有卡滞秧门等现象出现。

2. 将插秧离合器手柄扳到分离位置,启动发动机。待发动机运转平稳后,用中慢速使插秧机工作部件空转10分钟,用插秧速度和行走速度试车30分钟。

3. 汽、柴油机运转时,应不会有敲缸和打齿等异常响声,转速稳定,不冒黑烟,不窜机油,没有共振现象。

(四)检查插秧机有无"三漏"

看发动机空气滤清器、缸体与缸盖结合面等地方,应不漏气;

其次看发动机油底壳、变速箱、传动箱、链箱等结合面应没有渗漏；各油堵处不漏油。

(五)其他部分的检查

1. 操纵盘应转向灵活,自由行程要符合要求,左右旋转最大角度为60°。

2. 过埂器脚踏板的自由行程要正确,踩下脚踏板的时候秧船应该随挂链吊起,松开脚板时秧船应回到原位。

3. 各个操纵机构接合与分离应可靠。如变速箱、工作传动箱在额定转速之内,借助离合器各挡位挂挡应灵活、可靠,摘挡顺利,无脱挡、跳挡等现象,不应该有打击等异常声音出现。

4. 定位离合器应准确可靠。正确位置是,扳下插秧定位离合器手柄,栽植臂立即停止在秧门口上方。接合插秧定位离合器时,栽植臂运转过程中时,不许卡碰任何相关部件。

5. 插深调节机构应转动灵活。当升降杆转动时,能顺利调节插秧深浅。

二、插秧机的使用与维修

(一)秧田准备

要获得高的插秧质量,秧田应达到以下要求：

秧田耕深在13厘米左右为好,以满足水稻根系生长需要,可以用铧式犁或旋耕机耕地,耕后灌水(水深在2~4厘米),用水田耙整地,使土壤平整疏松。耙地时间宜在插秧前5~7天进行,以使土壤充分沉淀,形成上实下虚的效果。若泥浆沉淀时间短,插秧作业时秧船会壅泥导致压秧苗,直立度不好,影响其生长。

(二)秧苗准备

要按照机械插秧的秧苗要求进行育秧,保证秧苗健壮、高度适宜。

(三)2ZT系列插秧机操作要求

1. 驾驶员和装秧手应认真阅读使用说明书,且必须经过技术培训,掌握插秧机的结构、操作、维护和基本维修技术。

2. 每次作业前,认真检查机器,确认机器正常(紧固件无松动、各部分间隙适当、润滑部位充分注油)后,方可投入作业。

3. 插秧机到达作业田块进入秧田前,要拆下橡胶行走轮,更换上水田叶轮,并拆下尾轮。然后低挡驶入水田。

4. 根据农艺要求和田块情况确定插秧行走路线和转移地块的进出路线。

5. 插秧作业时,靠田边留出一幅作业宽度,地头两端也各留下一幅作业宽度,最后绕田周边作业。作业行驶要直,尤其是头一趟,以便保证后续的行距一致,两个行程的邻接行间隔也要一致。

6. 插秧作业到最后两趟、不足两幅作业宽度时,通知装秧手,预先取出靠边处秧箱内秧苗,相应减少作业行数,留下田边最后一幅作业宽度,以便最后绕周边作业。

7. 装秧时,空秧箱装秧必须把秧箱移到一头,让分离针空取秧一次后加入秧苗。装秧时,秧片要紧贴秧箱,不能拱起。压秧杆与秧片间留有5~8毫米间隙。加秧要及时,两块秧片接头处要对齐,不留间隙(图8-1)。装、加秧苗时不要弄碎秧片,让秧苗自由下滑,必要时在秧苗与秧箱间加水润滑。

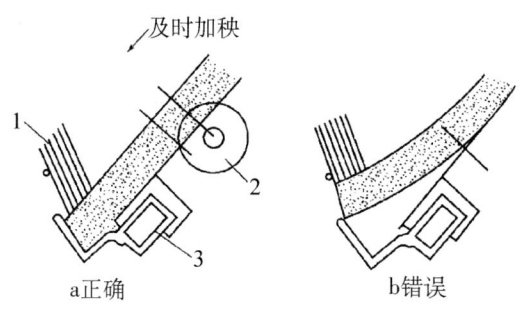

图8-1 装秧
1. 秧苗;2. 送秧轮;3. 秧门

(四)2ZT系列插秧机的调整

1. 总离合器的调整。

为保证离合器能正常地接合与分离,分离位置时必须保证皮带轮内锥面和离合锥外锥面有一定间隙。由于离合器使用长久后摩擦片必然会产生磨损,破坏了正常的间隙。如间隙过大,锥面接合不牢,产生过滑,动力不能传递;如间隙过小,分离位置时处于半离合状态,加快摩擦片的磨损,甚至产生过高温度将零件烧坏,所以应正确调整此间隙。具体方法为:打开带轮端盖和螺母,将离合皮带轮卸下,根据需要取出调整垫片,重新装配。当摩擦片磨损到取出调整垫片仍不能正常工作时,应更换摩擦片。

2. 定位离合器调整。

在工作中,如定位离合器出现分离不彻底或接合不上,应调整分离销的插入长度。其具体方法为:首先卸下定位分离盖,然后松开锁紧螺母,调节插入传动箱内的分离销长度,达到离合可靠时锁紧螺母。

3. 取秧量调整。

将分离针旋转到秧门上方,松开摆杆固定在链箱后盖上的螺母,调整株数调节手柄,用取秧量标准块校正分离针尖部进入秧箱深度,拧紧摆杆固定螺母。

4. 插深调整

旋转调节杆,达到所需位置时,用定位钢丝卡住手柄。

5. 分离针与秧门侧间隙调整

松开栽植部分曲柄上的夹紧螺栓和摆杆与栽植臂的固定螺母,左右移动栽植臂,当分离针与秧门两侧间隙均匀时,重新增减摆杆与栽植臂连接处的插垫,使栽植臂与机器前进方向平行,且运动灵活自如,然后拧紧摆杆固定螺栓和曲柄夹紧螺栓,如图8-2所示。

6. 滚轮组合的调整

要求秧箱下端贴紧秧门导轨,不得翘起;三组滚轮组合支承一致。调整方法(图8-3):松开三组滚轮组合弯臂上的固定螺母和驱动臂夹子上的夹紧螺母;分别调整三组滚轮组合弯臂支承的长短和上下位置,使秧箱紧贴秧门,先紧固左右两组螺母,边紧边拉动秧箱在移箱轴上左右窜动,最后将中间一组螺母紧固。滚轮组合调整后,必须调整分离针与秧箱两侧壁的间隙,避免造成机器损坏。

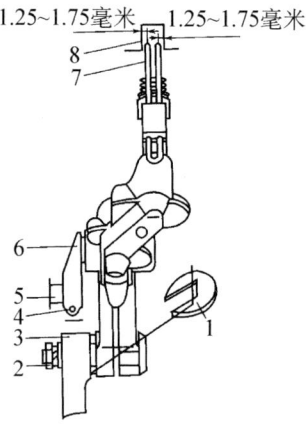

图 8-2 分离针与秧门侧间隙调整

1. 插垫;2. 螺母;3. 摆杆;4. 夹紧螺钉;5. 链轮轴;6. 曲柄;7. 分离针;8. 秧门

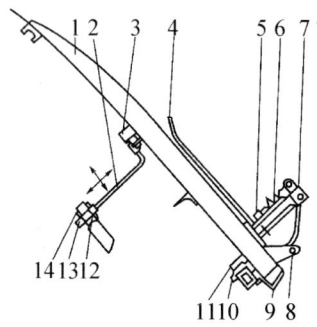

图 8-3 秧箱上滚轮组合的调整

1. 秧箱;2. 弯臂;3. 上滑道;4. 压秧杆;5. 弹簧销;6. 压弹簧;7. 立杆;
8. 拦秧杆;9. 秧门;10. 滑板;11. 下梁;12、13. 调节螺母;14. 滚轮支臂

7. 分离针与秧箱两侧壁间隙的调整(图 8-4)。

松开驱动臂夹紧螺母,在移箱轴上窜动秧箱位置,达到两边间隙一致时拧紧螺母。调整后要手动使秧箱移动超过一个往复以上,确保调整无误方可启动机器。

第八章 插秧机与抛秧机的使用与维修

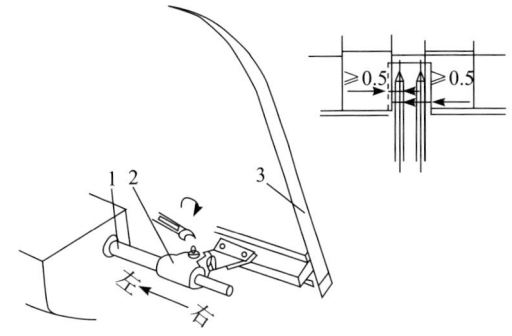

图 8-4 分离针与秧箱两侧壁间隙调整
1. 移箱轴；2. 驱动臂夹子；3. 秧箱

(五)2ZT 系列插秧机的维护与保管

1. 插秧机的维护保养。

每班和工作季度结束后，应按机具说明书的要求进行维护保养。

(1)发动机。发动机工作半天应检查润滑油(油尺标记中线)，一个季节更换一次。对于新机器,工作 30 亩①时更换机油。

(2)行走系统。机器工作 30 亩应检查传动箱油面(油孔溢出润滑油)，一个季节更换一次；V 带紧度(手指应压下 15~25 毫米)、螺栓紧度一般在机器工作 30 亩时进行检查,每季结束时也应进行检查或更换。

(3)工作部件。

①传动箱油面在机器工作 30 亩时进行检查,每季进行更换,更换时应放出沉淀,加足润滑油。

②分离针与秧门的间隙(两侧间隙应均匀,约为 1.25~1.75 毫米)、分离针与秧箱侧壁的间隙(两侧间隙应均匀,约为 1~1.5 毫米)、取秧量(用标准块测量,六个分离针应取秧一致)、分离针与推秧器间隙(提开时,间隙不大于 1.5 毫米)、推秧器行程(不小于 16 毫米,推出时不超出分离针 3 毫米)每半天检查一次,其中分离

---

① 1 公顷 = 15 亩 = 10 000 平方米　1 亩 = 666.67 平方米

针与秧门的间隙、取秧量在机器工作30亩左右要进行调整。

③传动中各固定螺母半天应进行检查,不允许松动。

④在工作30亩时,还应检查链轮箱(应使链条挂油)和栽植臂(应使拨叉处不缺油)。

2. 插秧机的保管。

插秧机受农事季节限制,一年工作时间较短,停放时间很长。为防止锈蚀、断裂、橡胶老化及零部件变形,必须妥善保管。长期保管的要求如下:

(1)外表清洗干净,不得有泥污。摩擦零部件(分离针、推秧器、秧门、移箱轴、送秧轴、抬把、送秧轮等)表面涂以黄油。

(2)放净柴油、润滑油。

(3)卸下V带,单独存放。

(4)润滑有关部位,按润滑表向润滑点注油。

(5)封闭汽缸。用少量无水机油加入进气道,摇动曲轴,使机油附在活塞顶部、缸套内壁及气门密封座,封闭汽缸。

(6)清洗空气滤清器内腔及滤网,然后将空气滤清器、消声器、油箱口用布包好,以防灰尘进入。

(7)将离合器放在"合"的位置,变速杆放在空挡位置,定位离合器也放在"合"的位置,秧箱放在中间位置,栽植臂放在推秧位置,以防止弹簧弹力减退。

(8)将秧船平放垫起,将轮胎离地支撑。

(六)2ZT系列机动插秧机常见故障的原因及排除方法

2ZT系列机动插秧机常见故障的原因及排除方法见表8-1。

表8-1 2ZT系列机动插秧机常见故障的原因及排除方法

故障现象	故障原因	排除方法
立秧差	1. 插得过浅 2. 田里水太多 3. 整地质量不好,造成表土过硬或田面不平	1. 适当调整插秧深度 2. 适当放水 3. 提高整地质量

（续表）

故障现象	故障原因	排除方法
分离针与推秧器之间带秧	1. 苗床上或田地里水分不足 2. 推秧器工作不正常 3. 田地过分细软 4. 推秧器与分离针间隙过大	1. 向苗床浇水或向田地灌水 2. 维修或更换推秧器 3. 提高整地质量 4. 调整或更换分离针
漏插多	1. 秧苗密度不均 2. 装秧时秧苗骑秧门 3. 秧门口有异物 4. 秧片过宽	1. 应提高所育秧苗的密度 2. 重新装秧，调整压秧杆 3. 进行清理 4. 割修秧片宽度
插秧均匀度差	1. 秧苗密度不均 2. 送秧轮上缠根较多 3. 各分离针取秧量不一致	1. 应提高所育秧苗的密度 2. 清理送秧轮 3. 调整各分离针取秧量
每穴株数过多	1. 育秧苗床水分过多 2. 育秧时播种量过大 3. 取秧量调整不正确，使取秧过多	1. 适当控制苗床水分 2. 育秧时调整播种装置播种量 3. 正确调整取秧量
每格秧箱上用秧量不一致	1. 育秧苗床水分不足 2. 取秧量调整不正确，使取秧不均	1. 适当给苗床浇水 2. 正确调整取秧量
秧片拱起	1. 育秧苗床水分过多 2. 育秧苗床土厚不当 3. 送秧轮上缠根较多	1. 适当控制苗床水分 2. 适当改善床土厚度 3. 清理送秧轮
插秧深度不一致	1. 整地质量不好造成田不平 2. 几组链轮箱安装不齐 3. 挂链拉得过紧使船头翘起	1. 提高整地质量 2. 重新安装，提高安装质量 3. 放松挂链，使船头贴地
穴孔紊乱、壅泥	1. 田地沉淀时间不够 2. 船头下沉	1. 延长沉淀时间 2. 用挂链吊起船头，清除积泥
地轮不转	1. 地轮打滑 2. 离合器打滑 3. 跳挡	1. 张紧带轮 2. 调整离合器 3. 找出具体原因并排除

（续表）

故障现象	故障原因	排除方法
一组栽植臂不工作	1. 分离针在秧门口碰到石块、树根等异物,安全离合器被打开,造成栽植臂不工作并发出响声 2. 链条活节脱落 3. 离合器弹簧力减弱,使栽植臂不能适应高速运转	1. 清除异物,检查、维修或更换分离针 2. 重新上好活节 3. 加垫调整或换件修理
推秧器不推秧或推秧缓慢	1. 推秧杆弯曲 2. 推秧弹簧损坏 3. 推秧拨叉生锈 4. 栽植臂体内润滑油不足 5. 分离针变形与推秧器间没有间隙	1. 校正或更换推秧杆 2. 更换推秧弹簧 3. 除锈或更换推秧拨叉 4. 加注润滑油润滑 5. 校正分离针或更换分离针
推秧器推秧杆松动	栽植部分的导套磨损严重	应更换导套,进行修理
栽植臂体内进入泥水	挡泥油封和密封圈密封不良	应及时更换油封
栽植臂体内有清脆的敲击声	缓冲胶垫损坏和漏装	应及时更换,或补装
秧箱横向移动时有响声	滚轮和导轨变形、磨损或缺少润滑油	应更换磨损件、加注润滑油
秧箱两边有剩余秧苗	1. 秧箱驱动臂夹子松动 2. 滑套、螺旋轴、指销等磨损	1. 应调整分离针与秧箱间隙后紧固 2. 更换磨损件
纵向送秧机构工作不正常	1. 棘轮齿部磨损 2. 棘爪变形或损坏 3. 送秧弹簧损坏	1. 更换棘轮 2. 更换棘爪 3. 更换弹簧
定位离合器失灵	分离销插入箱内长度不当或磨损	调整分离销插入长度或更换分离销

三、东洋 PF455S 手扶插秧机的使用与维修

东洋 PF455S 手扶插秧机由江苏东洋机械有限公司(原江苏东洋插秧机有限公司)生产,图 8-5 所示为该机的外观图。

图 8-5 东洋 PF455S 手扶插秧机

(一)主要特点

1. 液压仿形系统

采用分体式浮板及液压仿形装置,能根据不同土质,通过液压机构自动调节,保证插秧深度一致性。

2. 取苗量调节装置

根据不同的播种密度和农艺要求,采取纵取苗量和横取苗量的多级调整,满足每穴 1~5 株的农艺要求。

3. 插深调节装置

根据不同秧苗、不同土质,插秧深度通过插秧深度调节手柄与浮板连接装置的配合调整,可以在 0~5 厘米内进行 10 个挡位的调整。

4. 模拟人手插秧

仿形插植臂,模拟人手操作,不伤秧,不伤苗;秧针为轻质镀铬材料,其耐磨性比传统高 2~3 倍。

5. 安全离合装置

插秧机作业过程中,碰到石子等硬性异物时,安全离合器自动作用,停止插秧作业,保护机器,降低用户使用成本。

该机主要技术参数如下。

机体尺寸(厘米):长245,宽148,高84.95

驱动轮形式:橡胶轮爪驱动轮

机体重量(千克):170

发动机:四冲程、汽油、E130G型

发动机输出功率及转速(千瓦,转/分钟):1.69 3600

变速:前进有两挡,倒退有1挡

耗油量[克/(千瓦·时)]:390

插秧行数:4

插秧行距(厘米):30

穴株数:1~5株

插秧株距(厘米):12.2~15.7

插秧穴数(每3.3平方米):70~90

插秧效率(亩/小时):2~3

(二)操作手柄的使用方法

1. 油门手柄

将油门手柄往里旋转,发动机转速变高,相反则变低。

2. 变速杆

变速杆位于前方挡位板上,设有行驶、插秧、中立、倒退4个位置。杆位置从右到左按行驶、插秧、中立、倒退顺序排列。

注意:操作变速杆时,须在发动机低速并在主离合器"断开"状态下进行。倒退时,须注意机身后部,并应通过油压操作手柄将机体提升,此时注意不让把手上翘。

3. 油压操作手柄

是通过油压操作机体上升、固定、下降的操作手柄。手柄拨到"上升"位置时,机体则上升,"固定"位置时机体在任意位置上固定,"下降"位置时,机体则下降。

4. 节气门手柄

设置在操作面板的黑手柄在启动发动机时用,在热机状态下,将黑手柄推到最大位置;在冷机状态下,将节气门手柄拉到最大位置,发动机启动后,将节气门手柄慢慢地推到底。

5. 主离合器手柄

是连接或断开从发动机到各部分动力的操作杆。拨到上部时,连接从发动机到各部分的动力,相反则断开动力。液压泵动力直接连发动机,与主离合器无关。

注意:连接主离合器时,将发动机变低速。"断开"位置时,机体自动不上升,在此状态下补给秧苗。

6. 发动机开关

发动机启动时将开关(图8-6)拨到"ON"位置,停止时拨到"OFF"位置,照明时拨到"LAMP"位置。

图8-6 发动机开关

7. 插秧离合器手柄

是操纵插植臂的转动和停止的操作手柄。将此操作手柄拨到"连接"位置时,插秧开始;拨到"断开"位置时,插秧停止。

8. 株距调节手柄

是调节株距(每3.3平方米的株数)的操作杆,通过推或拉可以选择3挡株距。

注意:株距调节手柄的操作是在插植臂低速运行下进行的。

9. 反冲式启动手柄

反冲式启动手柄设置在手把附近,容易操作。

10. 转向离合器手柄

转向离合器手柄用于分别切断左右侧驱动轴动力,是改变转向的操作手柄。

11. 插秧深度调节手柄

插秧深度调节手柄的调节范围为 4 挡。往上拨动为浅,相反则深。浮板支架上还有 6 个插孔可以调节插深。

(三)各手柄的调整

操作面板上的手柄与手柄后连接的拉线密切有关。

1. 手柄拉线

各手柄拉线调节应掌握尺度,否则插秧机将不能正常工作。

(1)主离合器手柄在"切断"的"切"位置时开始起作用,此位置为最佳状态,如主离合器拉线(黄)过紧将导致主离合器皮带磨损过快,降低其使用寿命;如过松则导致皮带打滑,行走无力。

(2)插植离合器手柄也应在"切"的位置时开始工作。如插植离合器拉线(绿)过紧则会导致插植部不能正常分离;过松则不能正常接合。

(3)液压手柄应在"上"的位置上起作用。液压钢丝(蓝)调整时有三个位置,液压泵阀臂应紧靠在"上升"的位置,即后边为 10 毫米凸台;手柄在"固定"位置时,液压泵阀臂对应在两个 10 毫米凸台中间位置;在"下降"位置时,液压泵阀臂对应在"下降"位置,即紧靠前边 10 毫米凸台。通常以"上升""下降"位置作为调整标准。

如拉线过紧则导致下降缓慢且停机后有时会自动下降;如拉线过松则导致难以上升或上升缓慢且机身自动下降。

2. 液压控制制动钢丝

液压控制制动钢丝(红)的作用是:在主离合器正常工作时,调节自动仿行油压的灵敏度,此调节与液压钢丝调节相类似,是在液压钢丝调整正确的前提下,调节此钢丝,调节步骤与标准如下:将主离合器放在"连接"位置上;将中浮板前端向上抬,此时机身应能上升,阀臂应处于"上升"位置;将中浮板放下,机身应下降且阀臂处于"下降"位置。

3. 互锁钢丝

互锁钢丝是保证机器在行走挡位时无法插秧,以保证机器的使用寿命。调整标准为:插秧变速杆在"行走"挡位高速行驶时,将插植离合器手柄连接,此时若变速杆自动跳到"插秧"挡则为正常。

4. 启动开关

启动开关从左至右顺时针方向,3个挡位分别是"停机(OFF)"、"启动(ON)"、"灯(LAMP)"。

拨到"启动"时,拉动反冲启动机器,机器可正常启动;拨到"LAMP"时,机器前灯打开;拨到"停机"时,发动机熄火。

5. 风门手柄

风门手柄全拉开时,风门关闭;风门手柄推到底,风门全开。

6. 转向离合器手柄

转向离合器手柄间隙标准为0~1毫米,手柄起作用的握力在1.8千克以内,调整螺丝在拉线中端。在操作中,左右转向离合器拉线调节的松紧程度应保证分离清晰,转向灵活,接合到位。

7. 株距调节手柄

在齿轮箱右侧(面向前进方向)株距变速挡共3挡,从内向外分别是70、80、90,对应的株距分别为15.7厘米、13.8厘米和12.2厘米,每亩基本穴数分别为14 000穴、16 000穴和18 000穴。

调节方法:变速杆在"中立"位置,插植臂慢速运转;推或拉株距手柄,调节到所要位置(在正确挡位上时有"咔嗒"声,而手柄调节处在中间位置时,尽管发动机正常工作,插植离合器在"连接"位置时,插植臂也无法动作);加大油门,使插植臂高速运转,确认株距手柄无掉挡现象。

(四)插秧作业方法

1. 操作顺序

(1)发动机启动。检查是否需要加汽油、发动机机油。燃油旋阀是否在"ON"位置上,节气门是否拉在最大位置上,油门手柄是否在1/2位置上。拉反冲式启动器,启动后,将节气门手柄推回原位置。

(2)插秧机驶入稻田。把液压操作手柄往下拨,使机体上升。将变速杆拨到"插秧"位置上,合上主离合器驶进稻田。

2. 补给秧苗

(1)苗箱延伸板。补给秧苗时,秧苗超出苗箱的情况下拉出苗箱延伸板,防止秧苗往后弯曲的现象出现。

(2)取苗方法。取苗时,把苗盘一侧苗提起,同时插入取苗板。在秧箱上没有秧苗时,务必将苗箱移到左或者右侧,再补给秧苗。

秧苗不到秧苗补给位置线之前,就应给予补给。若在超过补给位置时补给,会减少穴株数。补给秧苗时,注意剩余苗与补给苗面对齐,且不必把苗箱左右移动。

(3)划印器的使用方法。为了保持插秧直线度而使用划印器。其使用方法是,检查插秧离合器手柄和液压操作手柄是否分别在"连接"和"下降"位置上。摆动下次插秧一侧的划印器杆,使划印器伸开,在表土上边划印边插秧。划印器所划出的线是下次插秧一侧的机体中心,转行插秧时中间标杆对准划印器划出的线。

(4)侧对行器的使用方法。为保持均匀的行距而使用侧对行器,插秧时把侧浮板前上方的侧对行器对准已插好秧的秧苗行,并调整好行距。

(5)田埂周围插秧方法。图8-7所示是田埂周围插秧的两种方案:一是插秧时首先在田埂周围留有4行宽的余地,按第1方案的路线进行插秧作业;二是第一行直接靠田埂插秧,其他三边田埂留有4行、8行宽的余地,按第2方案路线作业。

(6)插秧作业前应确认的事项。一是弄清稻田形状,确定插秧方向;二是最初4行是插下一行的基准,应特别注意操作,确保插秧直线性;三是插秧作业开始前,应进行下列事项的检查:变速

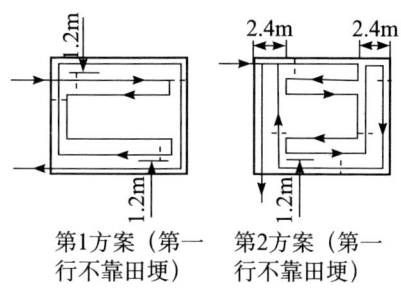

图 8-7 田埂周围插秧方法示意图

杆是否拨到"插秧"速度挡位上；株距手柄是否挂上挡；液压操作手柄是否拨到"下降"位置上；插秧离合手柄是否拨到"连接"位置上；摆动要插秧一侧的划印器，使划印器伸开；主离合器手柄拨到"连接"位置上，将油门手柄慢慢地向内侧摆动，插秧机边插秧边前进。

安全离合器是防止插植臂过载的保护装置。若插植臂停止并发出"咔"、"咔"的声音，说明安全离合器在动作。这时应采取如下措施：迅速切断主离合器手柄；然后熄灭发动机；检查取苗口与秧针间、插植臂与浮板间是否夹着石子，如有要及时清除；若秧针变形，应检查或更换。通过拉动反冲式启动器，确认秧针是否旋转自如，清除苗箱横向移动处未插下的秧苗后再启动。

（7）转向换行。当插秧机在田块中每次直行一行插秧作业结束后，按以下要领转向换行：一是将插秧离合器拨到"断开"位置，降低发动机转速，将液压操作手柄拨到"上升"位置使机体提升；二是将手柄往上稍稍抬起（因液压动作开始，机体稍微往上升高），在这种状态下旋转一侧离合器同时扭动机体，注意使浮板不压表土而轻轻旋转。旋转不要忘记及时折回、伸开划印器。

3. 插秧深度

插秧深度调节通常是用插秧深度调节手柄来调整的，共有 4 个挡位，其中，（1）为最浅位置，（4）为最深位置。当这 4 个挡位还不能达到插深要求时，在下面三块浮板上，还设有六孔的浮板安装架,通过插销的连接来改变插深,需要注意三块板上的插销插孔要一致。插秧深度是指小秧块的上表面到田表面的距离,如果小秧块的上表面高于土面,插秧深度表示为"0",标准的插秧深度为0.5~1厘米。插秧深度以所插秧苗在不倒不浮的前提下越浅越好。

(五)插秧机的季后保管

插秧机结束插秧后,长期存放前要进行正确的保养,然后妥善保管,才能延长机器的使用寿命。

1. 机器的清理与洗涤

(1)清除干净泥土、稻草等,将深层污垢用清水洗干净,清洗后用抹布擦干净。

(2)油漆脱落处重新刷漆,容易生锈的地方抹黄油或机油。

(3)在加油、注油部分加入黄油、机油。

(4)回转部、滑动部、钢丝类加油后防止生锈。

2. 发动机的保养

(1)更换发动机机油时,应在发动机工作后,趁机体温度还没有降低时放出机油,因为此时机油发热变稀容易放净。然后注入新机油。油量在机油尺高低两刻度线之间为标准。更换机油后空转5分钟,使各部分的机油能均匀补给。

(2)油门手柄放在低速位置。

(3)因汽油挥发性强,长期存放易在油路和化油器中形成焦质沉淀,所以应放空燃料箱、燃料过滤器、汽化器内的燃料。

(4)为防止长期存放时汽缸内壁和气门生锈,应拧开火花塞,向汽缸内部注入机油20毫升,拉动反冲式启动器10转,装好火花塞后将反冲式启动器一直拉到有压缩感时停止。

3. 存放

机器在清理、检查、调整结束后,应放置在通风、干燥、平坦的屋内,盖上罩子保管,并注意以下事项。

(1)机器下方垫板,以防潮。

(2)变速手柄放在"插秧"位置。

(3)苗箱停止在机器的中央,苗箱上不要摆放货物。

(4)收起中心标杆、侧对行器杆和划印器。

(5)为防止因保管中的失误而发生晃动的危险,应在行走轮下垫固定物固定。

(6)为防止生锈,不要与盐碱强的物件或肥料一起保管。

(六)常见故障及排除方法

PF455S 插秧机的常见故障及排除方法见表 8-2。

表 8-2 PF455S 插秧机的常见故障及排除方法

故障现象	故障原因	排除方法
无法启动或启动困难	1. 启动操作失误 2. 没有汽油 3. 空气滤清器堵塞 4. 燃油过滤器进水或堵塞 5. 火花塞潮湿 6. 火花塞无法点火或很弱 7. 油门手柄位置不正确	1. 应按说明书中正常顺序启动操作 2. 加汽油 3. 清理更换滤芯 4. 清理 5. 取出并晾干火花塞 6. 调整火花塞缝隙及清理积炭,或更换火花塞 7. 向高速位置提升
发动机加载后熄火	1. 滤芯堵塞 2. 反冲式启动器吸气口堵塞 3. 发动机机油量不足 4. 发动机转速不稳定 5. 发动机无压缩	1. 清理或更换滤芯 2. 清理 3. 补充到规定量;如使用时间太长应更换新机油 4. 检查油门拉线的安装部位有无脱落 5. 检查活塞环是否磨损
主离合器连接后无法行走	1. 离合器工作不良 2. 未挂上挡	1. 调整行驶带的张力 2. 主离合器切断,重新操作调整变速杆
操作侧离合器手柄时转向性能差	侧离合器手柄间隙大	调整侧离合器拉线

（续表）

故障现象	故障原因	排除方法
车轮无法上升下降	1. 带滑动 2. 液压油量少 3. 拉线没有调整好	1. 调整液压带张力 2. 补充液压油 3. 重新调整
插秧离合器连接后不能插秧	1. 株距调节手柄不在指定的挡位上 2. 拉线没有调整好	1. 将株距调节手柄放在指定的挡位上 2. 调整插秧离合器拉线
苗箱不能左右移动	横移送齿轮啮合不良	应调整横移送变速杆
插植部停止且有声响	插植臂与取苗器中有异物，有异常负荷，使安全离合器动作	应使主离合器手柄、插秧离合器手柄在断开位置并停止发动机，然后取出异物
支架内部有异常声响	链条张紧装置松动	应调整插植部的张紧装置
产生漏插	1. 秧爪、推秧器未调整好 2. 秧爪、推秧器变形 3. 秧爪、推秧器有很多稻草等异物 4. 播种成苗不均匀或播种量少 5. 送苗状态不好，如秧块过宽，取苗器压住秧块，秧块干涩 6. 秧苗的纵取苗量不足	1. 调整秧爪和推秧器 2. 更换秧爪和推秧器 3. 清理 4. 增加取苗量 5. 减小秧块的宽度，提高压苗器的位置，秧块加水 6. 减小横向取苗量，纵向取苗量的调节手柄向多的方向移动
产生漂秧	1. 农田太硬 2. 插秧深度浅 3. 秧块太干 4. 秧爪不能正常取秧 5. 秧爪带秧	1. 整田后沉淀的时间不要过长 2. 调整插秧深度 3. 湿润秧块 4. 不要使用盘根不好的秧块 5. 水深在 1～2 厘米左右为宜

(续表)

故障现象	故障原因	排除方法
插秧直力度较差	1. 苗块土干 2. 取苗量少 3. 插秧深度浅 4. 秧苗根部盘根不好 5. 秧爪、推秧器被泥浆堵塞	1. 湿润苗块土 2. 播种量少的苗块应增加取苗量 3. 加大插秧深度 4. 降低作业速度 5. 用清水清洗
插秧均匀度差	1. 秧苗的纵移送不好 2. 苗的移送量少 3. 秧苗没有到位 4. 秧爪磨损 5. 插植臂的秧爪没有调整好	1. 应调整纵移送量,苗圃上的土用水打湿 2. 增加取苗量 3. 补给秧苗 4. 更换秧爪 5. 调整插植臂秧爪的位置
插秧深度不均匀	1. 插秧数量不一致 2. 插秧浅、秧苗不稳定	1. 苗的高度不均匀时增加取苗量 2. 增加插秧深度
插的秧苗不整齐	插好的秧苗被泥土压倒	应减慢作业速度
各行取苗量不一致	1. 秧块宽度不一致 2. 插秧臂、秧爪的安装不正确	1. 调整秧块宽度 2. 调整秧臂、秧爪
所插秧苗不能在土面上定位	1. 秧爪无法取苗 2. 插秧深度太浅 3. 秧块的土干 4. 秧爪处滞留秧苗	1. 换秧爪 2. 加深插秧深度 3. 秧块的土用水打湿 4. 清理
插好的秧苗又重新提起	1. 推秧器的位置不正确 2. 田里没有水	1. 调整 2. 田里保持1~2厘米的水
秧块拱起	1. 秧块太湿 2. 秧块土层太薄 3. 压苗器太高	1. 苗床晾干 2. 使用土层厚度2~2.5厘米的秧块 3. 调整压苗器

（续表）

故障现象	故障原因	排除方法
秧块不易滑送	1. 秧块太干 2. 压苗器太低 3. 秧块的宽度比苗箱宽	1. 湿润秧块 2. 调整压苗器 3. 缩小秧块的宽度
有断秧	1. 装秧不细心 2. 压苗器变形 3. 取苗量过多 4. 压苗器位置不正确	1. 用取秧板取秧,小心操作 2. 调整或更换 3. 调节取苗量手柄,减小取苗量 4. 调整

四、久保田 SPW-48C 水稻插秧机的使用与维修

该机由久保田农业机械(苏州)有限公司生产,其外观见图 8-8,使用大直径车轮、六角车轴,可进行湿田作业,采用了 2 级纵向传送方式,可防止缺秧、插秧根数不均,以提高栽插作业质量,株距可进行 5 级(12 厘米、14 厘米、16 厘米、18 厘米、21 厘米)设定调节,插秧效率达 3.15 亩/小时,可实现浅栽、宽行窄距、定苗、定穴插秧。

图 8-8　久保田 SPW-48C 手扶式水稻插秧机

主要技术参数见表 8-3。

表8-3 久保田SPW-48C手扶式水稻插秧机主要技术参数

名称	规格
外型尺寸(长×宽×高)(毫米)	2 140×1 590×910
整机重量(千克)	160
发动机型号(型式)	MZ175-B-1(风冷4冲程OHV汽油发动机)
发动机功率/转速[千瓦(马力①)/(转/分钟)]	2.6(3.5)最大3.2(4.3)/3 000
发动机使用燃油	车用无铅汽油
发动机启动方式	手拉反冲
行走轮结构形式	粗轮毂橡胶轮胎
行走轮直径(毫米)	φ660
行走变速方式	齿轮变速
变速挡数	前进2挡,倒退1挡
插秧深度(毫米)	7~37(5段)
插秧爪材料	不锈钢插秧爪
插秧行数(行)	4
行距(厘米)	30
插秧行走速度(米/秒)	0.34~0.77

(一)操作要求

1. 在使用前,应仔细阅读、充分理解《使用说明书》,遵守安全作业注意事项中规定的内容,且必须经过技术培训,掌握插秧机的结构、操作、维护保养、管理和维修技术。

2. 为了安全作业,在检查、调整及机器移动、插秧作业过程中应禁止儿童靠近。

3. 每次作业前,认真准备、检查机器。

4. 发动机启动时,各离合器手柄应在"分离"状态,变速手柄应在"中立"状态。

5. 机器不能在一般道路上行走,通过一般道路时用卡车等搬

---

① 1马力=0.735千瓦

运进行移动。在田间道路、田块中移动时应充分升起机体,缓慢行驶。进出田块、上下陡坡及跨越田埂时,使用足以承受机器重量的装卸板或在田块边上修筑进出用的斜坡及渡桥,以前进方式上坡、后退方式下坡。

6. 在坡路上行走时不要操作转向离合器手柄和主离合器手柄。

7. 进入田块,将变速手柄置于"中立"位置,栽插离合器手柄置于"栽插"位置,主离合器手柄置于"合"的位置,将载秧台移动至端部,在纵向传送轮运转后立即将栽插离合器手柄置于"固定"的位置,然后将主离合器手柄置于"离",并将秧苗整齐地装在载秧台上,将插秧深度手柄、取苗量调节手柄设定在所希望的位置,做好插秧准备工作。

8. 插秧时将限速手柄、变速手柄置于"栽插"位置,将栽插离合器手柄置于"下降"位置,主离合器手柄置于"合",则机器开始启动。

将栽插离合器手柄置于"栽插"位置,则开始插秧。插秧时使用划线杆操作手柄。进行 5 米左右的插秧作业后,应将主离合器手柄置于"离"以停止行走,确认插秧正常后继续进行插秧作业。

9. 如果载秧台的剩余秧苗到了红线位置,应补充秧苗,尽量在转向时补充。

10. 停止插秧时将栽插离合器手柄置于"下降"位置。

11. 转向时应降低发动机转速后使用划线杆操作手柄将划线杆收起,将栽插离合器手柄置于"下降"位置,然后握住想要转向一侧的转向离合器手柄,开始转向。抬起转向手柄,使机体悬空,在此状态下可进行转向。转向结束后,操作转向手柄,使其与相邻行距一致。使用划线杆操作手柄放下划线杆,然后将栽插离合器手柄置于"栽插"的位置,并以适当的作业速度进行插秧。在松软田块或较深田块作业时,有时需要使机体上升后进行转向。

12. 缓慢接合离合器手柄,不要猛合离合器,否则插秧机起步冲击太大,会加速摩擦片磨损,并使插秧机受到很大冲击,易造成离合器及其他各零件的损坏。分离离合器要迅速彻底,严禁离合器在半分离状态下工作。

13. 插秧机停车时,应将变速杆挂在空挡位置上,然后再把离合器手柄放在结合位置上,不允许用分离离合器的方法长时间停车,否则离合器的弹簧会因长期被压缩而减弱其弹性。

14. 装配离合器时,摩擦片应清洁干燥,严禁沾有润滑油。如有油污要用汽油清洗晾干后,方可使用。

15. 换挡应在离合器彻底分离后进行,若挂不上挡,应接合一次离合器后再进行挂挡。如果仍然挂不上挡,可挂另一挡先行驶一段距离后再挂挡。挂挡中决不允许猛推硬挂,如果重复几次仍挂不上挡,则要检查原因并予以排除,以免损坏变速杆或其他零件。换挡时,变速杆应放在指定位置。换挡后应使离合器平稳接合,以保证插秧机平稳起步,防止损坏齿轮和其他零件。

16. 使用中如有不正常响声或出现渗油、漏油、温度过高等现象,应查明原因并及时排除,决不允许"带病"作业。

17. 经常检查分插机构各部分紧固件的紧固情况,如有松动应及时紧固。推秧器与分离针间隙为 0.1~0.5 毫米,间隙过大会夹秧或带秧,直接影响插秧质量。因此,当出现夹秧或带秧现象时,应及时进行调整。

18. 安装分离针时,紧固螺丝的拧劲不要过大,以防止铝件脱扣。栽植臂运动到下端时推出行程为 16 毫米,若发现推身器推出行程过大,应更换缓冲胶垫。栽植臂拨叉处应保持不缺油,每作业 2 公顷应进行检查,每天作业后应清洗干净。

19. 使用中应经常检查秧门与各链箱和护苗板螺钉,若有松动应及时紧固,防止丢失。严禁用手抬秧门来搬动工作传动箱。秧门与滑道之间应加注少量机油,以保持它们之间润滑良好。田间停机休息时,应清理干净秧门口的剩余秧苗,防止晒干变硬后损坏机件。

(二)插秧机的调整

1. 主离合器的调整。

调整时转动主离合器螺杆的螺母,使手柄位于"离"时彻底断开离合器,位于"合"时传送来自发动机的动力。

2. 液压的调整。

如将栽插离合器手柄置为"固定"后机体仍然下降,应向紧固方向调整液压杆的螺母。但应确认当栽插离合器手柄处于"下降"的位置时,机体是否确实下降;如将栽插离合器手柄置为"固定"后机体仍然上升,应向松动方向调整液压杆的螺母,但应确认当栽插离合器手柄处于"上升"的位置时,机体是否确实上升。

3. 栽插离合器的调整。

栽插离合器手柄置于"下降"位置时,栽插离合器断开;栽插离合器手柄置于"栽插"位置时,栽插离合器接合。当栽插离合器难以断开时拆下液压杆,将栽插离合器杆的螺母向紧固方向调整。

4. 转向离合器的调整。

握住转向离合器手柄,如果转向离合器难以断开,应调整手柄侧的调节螺母。在"合"的位置时,将手柄的游动间隙调整为0~2毫米。

5. 株距的调节。

通过改变株距调节旋钮的位置来更换齿轮的位置,进而调节插秧苗距。更换齿轮时应关停发动机,并将变速手柄置为"中立",将栽插离合器手柄置为"固定",接合主离合器手柄。

6. 秧苗用量的调整。

秧苗用量取决于栽植密度和每株的苗数。取苗量调节手柄位置从上到下,取苗量从多到少。

7. 横向传送量的调节。

根据插秧的种类(幼苗、中苗)调节载秧台的横向传送量。将载秧台移动到右端或左端,纵向传送后,立即将栽插离合器手柄置于"下降"位置,断开栽插离合器。

8. 插秧深度调节。

为适应田块特点,可通过插秧深度调节手柄进行调节。调节手柄位置从上到下,插秧深度由深到浅。

9. 车轮深度的调节。

根据田块的深度调节车轮的陷入量,通过调换车轮调节连接部的孔位来实现。

(三)插秧机的维护与保管

1. 插秧机的维护保养。

每班和工作季度结束后应按机具说明书的要求进行维护保养。

(1)发动机、行走及操作部分。

①作业季节前后应除去火花塞上的炭粉,调整火花塞电极间的间隙为 0.7~0.8 毫米,并对各离合器进行调整。

②每 75 亩应更换发动机机油和齿轮箱机油,清扫空气滤清器滤芯和燃料滤清器滤芯。

③每 300 亩应清扫齿轮箱机油滤清器,更换进料箱机油和插秧箱机油。

④每两年检查燃料管,更换火花塞。

⑤对于新机器,工作 30 亩时应补充更换发动机机油。

(2)工作部件。

①插秧爪磨损后,插秧状态会变差,磨损超过 3 毫米时应及时更换新插秧爪。

②推出装置损坏或变形时会产生浮秧、倒秧、散秧现象,严重时导致插秧爪无法动作,应进行更换。

③作业前后应检查滑动板、载秧台支架的磨损状况,清扫纵向传送轮,调整各类钢丝。

2. 插秧机的保管。

插秧机一年工作时间较短,停放时间很长,所以插秧季节过后应在收藏前认真做好各个部分的检查和保养工作。长期保管要求如下。

(1) 将粘在各部位的泥土和脏物等冲洗干净,冲洗后务必将水擦干;在该加注黄油的部位加注黄油,该加油的部位加油;在秧爪前端等容易生锈的部位涂抹黄油;检查各部分有无松动,并再次紧固。

(2) 排掉燃料箱、燃料滤清器、化油器内的汽油。

(3) 使插秧爪处于取苗的状态,使插秧部处于下降的状态。

(4) 各离合器手柄置于"合"的状态;油门手柄向"低"的一侧转到底;拉拽启动把手,在压缩的位置停止。

(5) 将栽插离合器手柄置于"栽插"位置,使机体保持水平。

(6) 勿给浮舟施加外力,以免其变形。

(7) 保养结束后,盖上附带的插秧机盖罩。

(8) 选择避开日光直射、避雨、通风良好的场所保管。

(四) 插秧机的常见故障与排除方法

常见故障总结为表 8-4。

表 8-4 久保田 SPW-48C 手扶式水稻插秧机常见故障与排除

故障现象	故障原因	排除方法
出现浮秧	1. 插秧爪磨损 2. 插秧深度过浅 3. 取苗量过少 4. 水过多 5. 田块泥土过软 6. 秧苗扎根不良 7. 苗床土为沙质土,容易散开 8. 田块泥土过硬	1. 更换新的插秧爪 2. 调整插秧深度 3. 将取苗量设在 10 毫米以上 4. 减少水量;降低插秧速度 5. 增加田块泥土硬度;降低插秧速度;稍微增加插秧深度 6. 使用扎根良好的秧苗 7. 给苗床增加水分 8. 提高整田松软度,降低插秧速度

（续表）

故障现象	故障原因	排除方法
插秧爪不取秧或取秧量不足	1. 取苗量调整不当 2. 播种不均或播量过少 3. 苗床过厚 4. 插秧爪之间的间隔过宽或过窄 5. 插秧爪磨损 6. 苗床过软 7. 纵向传送不良	1. 调整取苗量调节手柄,增加取苗量 2. 使用符合要求的秧苗 3. 切掉苗床的底部,不使用不能脱离苗床的秧苗 4. 确认插秧爪的间隔, 5. 更换新的插秧爪 6. 减少苗床水分 7. 参见下面问题3
秧苗的纵向传送不良	1. 苗床的宽度过宽 2. 苗床过厚 3. 秧苗扎根过旺	1. 在育苗箱中施加振动,减小宽度 2. 切掉苗床的底部,不使用不能脱离苗床的秧苗 3. 切掉苗床下部的秧根
出现缺秧或漏插	1. 插秧爪、推出装置未调整好 2. 秧爪磨损、推出装置变形 3. 纵向传送不良 4. 秧苗不齐 5. 浮秧 6. 插秧爪不取秧	1. 调整插秧爪和推出装置 2. 更换秧爪和推出装置 3. 参见上面问题3 4. 使用均匀秧苗 5. 参见上面问题1 6. 参见上面问题2
秧苗堵在取秧口	1. 苗床过软,无法充分取苗或横向传送时苗床变形 2. 苗床散开,泥土堵在滑动板的滑动面 3. 插秧爪磨损,无法充分取苗 4. 两根插秧爪不齐 5. 插秧爪的间隔过宽或过窄 6. 秧苗扎根过旺 7. 苗床过厚	1. 将苗床弄干 2. 给苗床增加水分 3. 更换新的插秧爪 4. 更换新的插秧爪 5. 确认插秧爪间隔后进行更换 6. 切掉苗床下部的秧根 7. 使用苗床厚度在4厘米以下的秧苗

（续表）

故障现象	故障原因	排除方法
浮舟经过的地方流入泥水,使栽插秧苗倒伏	1. 田块泥土过软 2. 水过多	1. 增加田块硬度 2. 减少水量,降低插秧速度
秧苗从载秧台滑落	1. 苗床过薄 2. 苗床过软	1. 使用苗床厚度在2厘米以上的秧苗 2. 将苗床弄干
栽插的秧苗散开	1. 推出装置没有充分将秧苗推出 2. 插秧爪的间隔过宽 3. 插秧爪磨损 4. 苗床过干 5. 秧苗扎根不良 6. 田块过硬 7. 插秧速度过快 8. 取苗量过少 9. 扎根不良的秧苗太湿 10. 剩下的秧苗与补充的秧苗之间没有完全接上 11. 导苗器中塞满了泥土	1. 更换推出弹簧 2. 弄直插秧爪,确认间隔,按要求更换插秧爪 3. 更换新的插秧爪 4. 给苗床增加水分 5. 使用扎根良好的秧苗;降低插秧速度 6. 使田块变软 7. 降低插秧速度 8. 增加取苗量 9. 将苗床弄干 10. 仔细进行秧苗的补充 11. 去除泥土
浮舟推泥	1. 田块泥土过软 2. 感测压力过高	1. 增加田块硬度 2. 调节感测压力
栽插的秧苗姿势不佳	1. 推出装置没有充分将秧苗推出 2. 插秧爪已磨损 3. 秧苗扎根不良	1. 更换弹簧 2. 更换新的插秧爪 3. 使用扎根良好的秧苗
工作中机器前后颠簸	感测压力过低	调节感测压力
纵向送秧机构工作不正常	1. 秧箱驱动臂夹子松动 2. 滑套、螺旋轴、指销等磨损	1. 调整分离针与秧箱间隙后紧固 2. 更换磨损件

五、抛秧机的使用与维修

(一)抛秧机的使用

1. 抛秧前先按农艺要求整理田面,将待抛秧苗运往田边。

2. 按使用要求,检查、调整各工作部件,确认无异常时,方可投入使用。

3. 按柴(汽)油机的使用操作要领,起动柴(汽)油机,正式抛秧前,先进行试抛秧,并进行必要的调整,以确保抛秧质量。

4. 应利用使用前、后及工作中装秧的空隙,及时清理黏附在抛秧盘内的泥土及其他杂物,以保证抛秧质量。

(二)抛秧机的调整

为保证抛秧质量,使用时必须对抛秧机进行必要的调整。

1. 喂秧斗位置的调整。

喂秧斗的位置决定了抛秧带所处范围,试抛秧时,若抛秧带偏向机器左方,应将喂秧斗左移,反之,喂秧斗应移向机器右侧,确保抛秧带始终在机器前进的正后方,即喂秧口固定不动,喂秧斗左、右移动,可实现抛秧位置左、右移动,见图8-9所示。

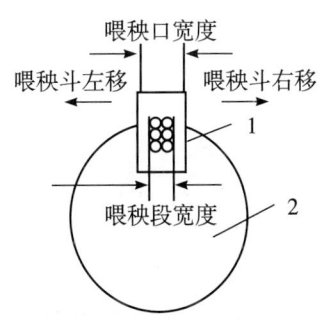

图8-9 喂秧斗的调整
1. 喂秧口;2. 喂秧斗

2. 抛秧宽度的调整。

喂秧斗的喂秧点与抛秧带的位置是对应的,如图8-10所示,若从A点喂秧,秧苗落入田间a点;B点喂入,落秧在b点;C点喂入,落秧在 c 点;若全幅抛秧则应在一整个喂秧口喂秧,此时抛秧幅宽约 8 米,当抛秧到最后一幅时,幅宽不足 8 米时则可采用半幅喂秧,即可在 AB 段或 BC 段喂秧,抛秧带对应的位置分别为 ab 段和 bc 段,即可实现半幅抛秧,AB 段或 BC 段占喂秧口的比例大小,决定抛秧带的宽度,比例越大,抛秧幅越宽,这样即可满足不同幅宽的要求。

喂秧范围(喂秧段宽度)占喂秧口的比例大小决定了抛秧带的宽度,比例大,则抛秧宽度大。若全幅抛秧,则应在整个喂秧口喂秧。调整时,将喂秧口沿喂秧斗外圆的径向方向向内移动,抛秧宽度增加;反之,抛秧宽度减小。

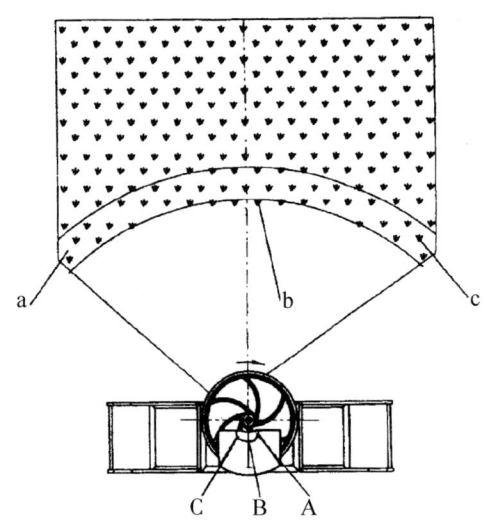

图 8-10 2ZPY 系列水稻抛秧机抛秧带位置示意图

3. 抛秧密度的调整。

抛秧密度与机器的行进速度及喂秧量有关。喂秧量一定,机器速度越快,抛秧密度越小。机器速度一定,喂秧量越大,抛秧密度越大。工作时驾驶员应控制抛秧机的行进速度,保持匀速行驶,喂秧手应均匀连续喂秧,以确保合理的栽植密度。初次使用时应在田头试抛秧,掌握合适的喂秧量。

4. 抛秧机行驶路线。

抛秧机田间作业路线一般采用梭形作业法。最后一个行程不足抛秧机底盘宽度时,应由人工补抛。遇有风天气,尽量采用顶风或顺风作业,以消除风向对抛秧均匀度的影响。当风力超过4级时,应停止抛秧作业,以免影响抛秧质量。

(三) 抛秧机维护

为使抛秧机保持良好的技术状态,应按要求对抛秧机各部分进行维护保养。

1. 班次维护。

每班工作前后须检查发动机曲轴箱润滑油,不符合要求时应添加或更换;万向联轴器和运输尾轮轴每班工作前要加注机油;及时清除黏附在抛秧盘内的泥土及其他杂物。

2. 定期维护。

定期检查、添加行走齿轮传动箱齿轮油及变速箱润滑油;定期检查并添加主轴、万向传动装置、尾轮润滑脂。

3. 存放维护。

每季抛秧结束后,应及时对整机进行全面清理和维护;各运动部件涂抹机油以防生锈;放松各传动皮带;整机存放于通风干燥处。

(四) 抛秧机的常见故障及排除方法

表8-5所示为抛秧机的常见故障及排除方法。

表8-5 抛秧机的常见故障及排除方法

故障现象	故障原因	排除方法
行走轮不转	1. 皮带打滑或皮带损坏 2. 离合器打滑,摩擦片磨损严重 3. 跳挡	1. 调整张紧传动皮带,更换皮带 2. 调整离合器,更换摩擦片 3. 检查拨叉位置,予以调整

（续表）

故障现象	故障原因	排除方法
抛秧高度不足，秧苗入土深度不够	1. 抛秧盘粘土严重 2. 抛秧盘转速不够	1. 清理抛秧盘 2. 调整张紧传动皮带，增大发动机油门或更换大皮带轮
秧苗抛撒带位置不正确	喂秧斗位置偏差	调整喂秧斗位置
抛秧装置不运转	1. 动力输出离合器没有接合，或离合器调整不当 2. 万向节销折断两头的任何一头 3. 皮带损坏或打滑	1. 接合动力输出离合器，调整离合器 2. 更换销子 3. 更换皮带，调整皮带张紧度
秧苗抛不远、抛不匀	1. 抛秧盘三角皮带打滑导致转速降低 2. 防护罩与抛秧盘之间卡有大量的秧苗或泥土 3. 喂秧手配合失调	1. 调整皮带张紧度 2. 清除积泥、积秧 3. 培训喂秧手
抛秧后秧苗直立度差	1. 抛秧盘转速降低，影响抛远及抛高 2. 秧苗过高，泥钵与苗叶的重心失调 3. 土壤不起浆	1. 张紧皮带，清除积泥、积秧 2. 控制抛秧的秧苗高度 3. 上水耕后立即进行抛秧，不让土壤沉淀

第九章 国家对农业机械补贴政策

一、当前国家对购买农业机械的补贴政策是什么?

从2004年开始,国家对购买农业机械的组织和个人给予一些资金补贴,以减轻购买农机的经济负担,称为农机购置补贴政策,这是国家强民惠农的政策之一。

实施该政策的作用有:一是推进了农业机械化的进程。2010年全国耕种收综合机械化水平超过了52%,实现了农业生产从以人畜力为主到以机械作业为主的改变,例如在水稻机插秧、机械收获、玉米机收这些薄弱环节机械化水平明显提高。二是提高了农业综合生产能力。农机购置补贴政策促进了农业机械在农业生产中的广泛应用,实现了农业的节本增效,比如小麦收割,全国平均每年可减少遗洒损失25亿千克以上,大型机械深松整地可以增产10%~15%,补贴机具的广泛应用增强了农业的生产能力,促进了粮食的稳产和增产。三是优化了农机装备结构。2010年全国农机总动力达到9.2亿千瓦,比政策实施前的2003年增长了52%以上。大马力、多功能、高效能以及薄弱环节的农业机械迅速增长,农机装备结构不断优化。同时,主要粮食作物薄弱环节的农业机械保有量迅速增长。例如,水稻插秧机、玉米收割机的保有量增长较快。四是拉动了农村需求,促进了农机工业发展。农机购置补贴直接拉动了农村消费需求,带动了农机工业及相关产业的快速发展。2004~2010年,中央财政共安排补贴资金354.7亿元,补贴购置各类农机具1 108万台(套),拉动规模以上农机企业工业总产值从2004年的700亿元增长到2010年的2 800亿元,农机市场呈现产销两旺。

二、哪些人购买农业机械有补贴?

农机购置补贴对象为农牧渔民、农场(林场)职工、直接从事农机作业的农业生产经营组织。

三、对哪些农业机械有补贴？

应注意,并不是对购买所有农机产品都给予补贴。农业部根据全国农业发展需要和国家产业政策确定补贴机具种类范围。各省区市结合本地实际情况,根据农业部确定的范围,确定具体补贴机具范围。已列入国家或省级支持推广农机产品目录,且属于当前公布的补贴机具种类范围内的产品,均可享受补贴。只有经过严格筛选,列入各省(区、市)年度补贴目录的产品才能享受补贴。

了解各省(区、市)年度补贴目录有3个主要渠道:一是农业部将在"中国农业机械化信息网"上公布;二是各省在本省内通过印发纸质文件、报刊杂志、乡村张榜等形式,向农民公布补贴产品目录,保障农民知情权;三是向当地农机管理部门咨询。各省区市的农机购置补贴目录一般在每年3月、4月份发布,具体时间可以咨询该县农机化主管部门。

四、到哪里购买有补贴的农业机械？

补贴产品须到企业指定的补贴产品经销商处购买。补贴机具经销商由农机生产企业自主提出,报经省级农机主管部门统一向社会公布。农民可以在省域范围内跨县自主购机。

五、每台农业机械补贴多少钱？

补贴标准是这样规定的:中央财政农机购置补贴资金实行定额补贴,同一种类、同一档次农业机械在省域内实行统一补贴标准。不允许对省内外企业生产的同类产品实行差别对待。补贴额度按不超过本省(区、市)市场平均价格30%测算,汶川、玉树地震重灾区县、重点血防疫区补贴比例可提高到50%。一般单机补贴限额不超过5万元。

100马力以上大型拖拉机、高性能青饲料收获机、大型免耕播种机、挤奶机械、大型联合收割机、水稻大型浸种催芽程控设备、烘干机单机补贴限额可提高到12万元;大型棉花采摘机、甘蔗收获机、200马力以上拖拉机单机补贴额可提高到20万元。

与此同时,有些省在中央补贴的基础上还进行自主补贴,像江苏、安徽、重庆等地,地方财政对于农民购买水稻插秧机也进行补贴,农民在购买的时候补贴的比例已经超过了50%,即农民只需花一半的钱甚至更少的钱就可以买到农机了。

农机购置补贴实行农民差价购机,即购机农民只需缴纳扣除补贴额的差价款就可提货,例如一台收割机7万元,国家补贴3万元,则农民只需付4万元就可取走该机器了。

另外,农民可跟经销商去商谈价钱,农机购置实行定额补贴,同一种类、同一档次农业机械在省域内实行统一补贴标准,不管是哪个企业补贴标准是一样的。补贴机具的实际销售价格则由市场竞争形成,农民可与经销商谈价议价。目前,农机生产企业是非常多的,可以货比三家,最后确定在谁那儿买。需要注意的是,由于农时季节的变化以及机具配置的不同,补贴机具的销售价格可能会有变化,农民朋友对此要有心理准备,不要上当受骗。

六、农民怎样申请购买农业机械的补贴?

由于补贴资金额度有限,就全国总体而言,目前还不能保证每位申请购买农机的农民都能享受补贴。按照现行办法,农民申请购买补贴机具时,可按程序向乡镇或县级农机化主管部门提出申请,由县级农机化主管部门依据优选条件和农民认可的方式确定补贴受益对象。在申请补贴人数超过计划指标时,为保证公正、公平,农业部、财政部规定了补贴对象的优选条件是:农民专业合作组织;农机大户、种粮大户;列入农业部科技入户工程中的科技示范户;"平安农机"示范户。同时,对报废更新农业机械、购置主机并同时购置配套农具的优先补贴。申请人员的条件相同或不易认定时,按照公平、公正、公开的原则,采取补贴对象易于接受的方式确定。例如有些地方采取抓阄、摇号的方式,关键是给农民平等的机会,把信息公开,让社会监督。同时,要求各地严格执行补贴对象公示制度,必须将受益者名单、补贴金额等情况在实施区域内张榜公示,接受群众监督。经公示无异议后,获得补贴资格的农民可凭与县级农机化主管部门签订的购机协议到经销商处实现差价购机。为方便农民,对价值较低的机具可采取购机和公示同时进行的办法。

购机时一定要及时索要正规的发票。发票上要注明购机者姓名、所购机具生产厂家及型号、出厂编号(动力机械还要注明发动机编号)、销售价格、补贴金额、购机日期等。并保存好购机发票的原件,作为享受"三包"服务的凭证。有一年期的三包,就是从发票的日期开始计算的。

发票中写明的机器型号,是能否享受到补贴依据。如果是补贴的机具范围,农民可把发票的复印件交给县级农机化的主管部门目前存档,主管部门要凭这个进行结算。

农民购机后要到农机化主管部门核实登记。农机主管部门要对一些机具喷号,以确认机具到位,同时实行牌证管理的机具,比如说拖拉机一定要及时办理牌证。按照道路交通法的规定,农机安全监管条例的规定,上路行驶拖拉机一定要上牌,这样才可以更好地工作。

实施农机购置补贴政策的目的是支持农民购买先进适用的农机装备发展农业生产,提高农业综合生产能力,如果放任倒卖、转卖补贴机具的行为不管,就会使国家的补贴资金效益大打折扣,影响补贴政策的效果。农业部、财政部规定:享受补贴购买的农机具,两年内不得擅自转卖。因特殊情况需转卖的,须经县级农机化主管部门批准,并报各省级农机化主管部门备案。

七、对农机专业合作社有哪些照顾规定?

为提高农业机械的使用效率,避免一家一户重复购买农机具,造成农机使用时间短、作业面积小的浪费,国家鼓励农民成立农机专业服务合作社,以便为周边和更大范围的农户提供农机作业服务。农机专业合作社购买农业机械既可提高机械利用率,也可降低经营费用,还能提高作业质量。发展农机专业合作社是提高农民生产组织化程度的有效途径,是推动农业机械化发展的重要力量,是完善农村基本经营制度的重要内容,是提高土地产出率、劳动生产率、资源利用率的重要措施。

农机专业合作社是农民专业合作社的重要组成部分。自2007年《农民专业合作社法》公布实施以来,我国农机专业合作社步入了依法促进的发展轨道,呈现出蓬勃发展的良好态势。截止到2010年,我国农机专业合作社已经达到了2万个以上。

现行的农机购置补贴政策,明确向农民专业合作服务组织倾斜。在确定补贴对象优选条件时,将农机专业合作组织列为最优先鼓励的对象,排名在农机大户、种粮大户之前。在资金有限的情况下,支持农机专业合作社优先购买,对合作社购买机具的数量限制也适当放宽。就是优先鼓励农机专业合作社,他们需要多少就购买多少,需要什么样的机器就补什么样的机器。

附录1 耕整地机械生产厂家(部分)

型号	名称	生产厂家
1L-430	铧式犁	保定双赢机械制造有限公司
1L-530	铧式犁	保定双赢机械制造有限公司
1L-525	铧式犁	保定双赢机械制造有限公司
1LYF-430	铧式犁	保定双赢机械制造有限公司
1LYF-525	铧式犁	保定双赢机械制造有限公司
百川1LYF-335	翻转犁	尉氏县百川犁厂
百川1LYF-435	翻转犁	尉氏县百川犁厂
豫兴1LF-230	翻转犁	荥阳市华丰农业机械厂
豫兴1LF-235	翻转犁	荥阳市华丰农业机械厂
2306	深松机	中机美诺科技股份有限公司
1SL-140	深松机	保定双赢机械制造有限公司
1BD-3	驱动耙	藁城市博远农牧机械有限公司
1SQ-250	深松机	北京银华春翔农机有限公司
1SQ-340	深松机	北京银华春翔农机有限公司
1SZL-200	深松机	藁城市博远农牧机械有限公司
1BD-2.1	驱动耙	藁城市博远农牧机械有限公司
1BD-2.4	驱动耙	藁城市博远农牧机械有限公司
DN-6B	田园管理机	天津市静海县兴盛机械有限公司
DWG2.5-4(4Q)	田园管理机	北京多力多机械设备制造有限公司
TG4-小神牛	田园管理机	山东华兴机械股份有限公司
TG4	田园管理机	山东华兴机械股份有限公司
DN-4	田园管理机	天津市振兴机械制造有限公司
KDT610	田园管理机	无锡开普动力有限公司
KDT910	田园管理机	无锡开普动力有限公司
1WG3.6-100FQ-Z	田园管理机	重庆威马动力机械有限公司
云山1GQN-250S	旋耕机	北京银华春翔农机有限公司
DWG2.5-4(4Q)	田园管理机	北京多力多机械设备制造有限公司

附录1 耕整地机械生产厂家(部分)

(续表)

型号	名称	生产厂家
云山 SGTN - 140	旋耕机	北京银华春翔农机有限公司
1G - 220K	旋耕机	安徽省淮丰现代农业装备有限公司
1GQN - 160	旋耕机	山东常林机械集团股份有限公司
1GQN - 210	旋耕机	沈阳双牛机械制造厂
1GKN - 300S	旋耕机	连云港市连发机械有限公司
1GLZ - 90	旋耕机	安徽省全椒县富民机械有限公司
1BQDZD - 260	联合整地机	保定双赢机械制造有限公司
SGTN - 180H4	联合整地机	天津市振兴机械制造有限公司
SGTN - 250H4	联合整地机	天津市振兴机械制造有限公司
力士 1BZ - 3.0	驱动耙	徐州凯城机械有限公司
项氏 1BPQ - 230	驱动耙	太仓市项氏农机有限公司
力士 1BZ - 3.0	驱动耙	徐州凯城机械有限公司
项氏 1BPQ - 230	驱动耙	太仓市项氏农机有限公司
力士 1BZ - 3.0	驱动耙	徐州凯城机械有限公司
春翔 1JQ - 150B	秸秆粉碎还田机	北京银华春翔南昌旋耕机厂有限责任公司
春翔 1JQ - 180B	秸秆粉碎还田机	北京银华春翔南昌旋耕机厂有限责任公司
农哈哈 1JHY - 172	秸秆粉碎还田机	河北农哈哈机械集团有限公司
农哈哈 1JHY - 186	秸秆粉碎还田机	河北农哈哈机械集团有限公司
开元王 1JQ - 125	秸秆粉碎还田机	河北圣和农业机械有限公司

附录2 种植机械生产厂家(部分)

型号	名称	生产厂家
2BMFS-4/12	免耕播种机	河北华勤机械股份有限公司
2BQY-4	免耕播种机	石家庄农业机械股份有限公司
2BMG-14	免耕播种机	现代农装科技股份有限公司
2BFT-14	免耕播种机	石家庄农业机械股份有限公司
6109	免耕播种机	中机美诺科技股份有限公司
6115	免耕播种机	中机美诺科技股份有限公司
2BMGF-7/14	免耕播种机	河北农哈哈机械集团有限公司
2BQ-4	免耕播种机	石家庄农业机械股份有限公司
6119	免耕播种机	中机美诺科技股份有限公司
2BQ-6	免耕播种机	石家庄农业机械股份有限公司
2BYQF-3	免耕播种机	河北农哈哈机械集团有限公司
2BYQFH-4	免耕播种机	河北农哈哈机械集团有限公司
2BYQFH-6	免耕播种机	河北农哈哈机械集团有限公司
2ZS-4	手扶步进式水稻插秧机	常州常发农业装备有限公司
DP480	手扶步进式水稻插秧机	大同农机(南京)有限公司
RR-4C	手扶步进式水稻插秧机	黑龙江省桦联机械制造有限公司
2ZS-466A	手扶步进式水稻插秧机	江苏宇成动力集团有限公司
SPW-48C	手扶步进式水稻插秧机	久保田农业机械(苏州)有限公司
2Z-430	手扶步进式水稻插秧机	柳州五菱柳机动力有限公司
2Z-455	手扶步进式水稻插秧机	南通富来威农业装备有限公司

附录2 种植机械生产厂家(部分)

(续表)

型号	名称	生产厂家
2ZS-6	独轮乘坐式水稻插秧机	鞍山市华盛农机制造有限公司
2ZT-6	独轮乘坐式水稻插秧机	第一拖拉机股份有限公司
2ZT-6	独轮乘坐式水稻插秧机	第一拖拉机股份有限公司
东方红2ZK-630	独轮乘坐式水稻插秧机	第一拖拉机股份有限公司
2Z-6300	独轮乘坐式水稻插秧机	山东福尔沃农业装备有限公司
2ZJ-6	独轮乘坐式水稻插秧机	山东宁联机械制造有限公司
2Z-6300	独轮乘坐式水稻插秧机	山东时风(集团)聊城农业装备有限公司
2ZT-7358B	独轮乘坐式水稻插秧机	延吉插秧机制造有限公司
2ZD-6300	独轮乘坐式水稻插秧机	无锡联合收割机有限公司
2ZZ-6	独轮乘坐式水稻插秧机	现代农装株洲联合收割机有限公司
2ZG-630	独轮乘坐式水稻插秧机	延吉插秧机制造有限公司
2ZT-9356B	独轮乘坐式水稻插秧机	延吉插秧机制造有限公司
2Z9356A	独轮乘坐式水稻插秧机	延吉青禾插秧机制造有限公司第一分公司
2ZGQ-4(VP4C)	四轮乘坐式水稻插秧机	洋马农机(中国)有限公司
S3-680	四轮乘坐式水稻插秧机	大同农机(南京)有限公司

（续表）

型号	名称	生产厂家
2ZK-6	四轮乘坐式水稻插秧机	广州市科利亚农业机械有限公司
2ZG-6	四轮乘坐式水稻插秧机	黑龙江省桦联机械制造有限公司

主要参考文献

[1] 中国农业机械化信息网
[2] 李宝筏. 农业机械学. 北京:中国农业出版社,2003